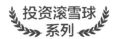
投资滚雪球
系列

投资中简单的
神奇公式

张峻恺◎著

十年二十倍的股票投资方法

清华大学出版社
北京

图书在版编目（CIP）数据

投资中简单的神奇公式：十年二十倍的股票投资方法 / 张峻恺著 . —北京：清华大学出版社，2020.6（2023.2重印）

（投资滚雪球系列）

ISBN 978-7-302-55343-4

Ⅰ . ①投… Ⅱ . ①张… Ⅲ . ①股票投资－基本知识 Ⅳ . ① F830.91

中国版本图书馆 CIP 数据核字（2020）第 062722 号

责任编辑：顾　强
封面设计：李伯骥
版式设计：方加青
责任校对：王荣静
责任印制：宋　林

出版发行：清华大学出版社
　　　　　网　　　址：http://www.tup.com.cn，http://www.wqbook.com
　　　　　地　　　址：北京清华大学学研大厦 A 座　　邮　　编：100084
　　　　　社 总 机：010-83470000　　　　　邮　　购：010-62786544
　　　　　投稿与读者服务：010-62776969，c-service@tup.tsinghua.edu.cn
　　　　　质 量 反 馈：010-62772015，zhiliang@tup.tsinghua.edu.cn
印 装 者：天津鑫丰华印务有限公司
经　　销：全国新华书店
开　　本：155mm×230mm　印　张：14.25　字　数：203 千字
版　　次：2020 年 6 月第 1 版　印　次：2023 年 2 月第 5 次印刷
定　　价：69.00 元

产品编号：084342-01

—————推荐序—————

你永远赚不到，超出你认知范围外的钱

2014 年，我在深圳创立了格隆汇，峻恺是格隆汇的第一批会员，当时他只是一个普通的行业人士。格隆汇作为一个投资平台，我们希望会员能在平台内成长，于是我鼓励他开始写作，可以把他关于行业的一些技术和知识写成文章，通过格隆汇平台发表。意想不到的是，峻恺通过几年的写作，也成为了成熟的财经作家，我想这也是格隆汇平台的价值所在。

我为什么要创立格隆汇？首先格隆（Guru）是我的藏文名字，藏文含义为"获得格西学位的喇嘛"，英文 Guru 含义为（宗教）上师、专家，代表一种开放共享、渡人渡己的理念和愿景。所以格隆汇实际就是指一群修行的人，这个名字体现了我们上路之初的真实想法和愿景。

当初我取这个名字的时候，我们的联合创始人是一致反对的，说为什么叫格隆汇？谁知道什么是格隆汇？你要解释清楚什么叫格隆汇，然后再去展业，你何必做两件事呢？

但是我后来想了一下，还是用这个名字，实际上我还是想做和在做一件事。我没想那么多，说要挣多少钱，或者要谋多少利。实际上我只想做一件事：我们期待或者希望，在环境改变，包括中国的经济增速放缓、人民币有贬值压力、投资机会减少、中国的资本开始输出、人民币开始国际化以及中国人的眼睛开始向全球看的时候，我们希望有这么一个地方、一个平台，能做一点事，能够帮助大家走出去，能够用大家熟悉的语言，用大家听得懂的声音，用大家能够明白的中国人的逻辑，说清楚海外的游戏规则是怎样，基础"ABC"是怎样的，公司怎么研判，价值怎么看，以及到最后下单。

实际上从一开始做这件事的时候，我们就立下了一个愿景：让普通的投资者也能够享受到专业的研究服务，让每个个体的投资之路不再孤单和艰难。

这是我们最初的愿景，我们也一直都是这么做的，我想这也是为什么说格隆汇能够发展到今天的规模与影响力的原因，我们从不做任何宣传也从不做任何包装，就是扎扎实实做事，桃李不言，下自成蹊，自然而然地会有口碑相传，大家会发自内心认可你，这也是我们两年时间能够在全球 60 多个国家拥有数百万高净值精英会员的原因。

实际上，格隆汇有一批这样的会员，大家实际上都是想做一些事情，你可以说是情怀，也可以说是梦想，总之他们是有一些想法的人，就是这样，大家才走到一起。很高兴看到格隆汇的成员峻恺这次在清华大学出版社的协助下出版了《投资中简单的神奇公式》这本书，该书通过简单的文字、详细的数据分析，告诉广大读者价值投资对于长期投资的重要性，并且给出了一种又简单又有效的价值投资方法，广大投资者只需要长期坚持，相信就能验证该书方法的有效性。

多数时候，投资其实都没有多么复杂。如果说投资或者说价值投资，有一个唯一原则的话，那就是买入一流的好公司，尤其是那些从全球视野来看，代表着人类进化趋势与方向的一流公司。至于要不要一直持有，需不需要择时，则是可以商榷的。

逻辑并不复杂。投资者面对的永远是一个有很多随机因素的混沌系统。你首先要假设你并不够聪明，无法驾驭和处理这种复杂局面，并没有能力获取超额收益，而只会用最笨的方法获取确定的基本收益。符合这种确定原则的，就是一流公司——因为谁是一流公司，是一眼就能看出来的。哪怕你确实很笨，你在这上面犯错的机会也微乎其微。

查理·芒格说过这样一句话："我这辈子遇到的来自各行各业的聪明人，没有一个不每天阅读的——没有，一个都没有。"

很多人踏入社会后，便再也不去读书。学校教科书里的内容就是他们知识的全部——这批人终究会被岁月的河流留在原地。

1864年7月，志得意满的湘军主帅曾国荃破天京，其兄曾国藩为其撰对联一副："千秋邈矣独留我，百战归来再读书"，以告诫自己的兄弟在烽火连天的岁月，不要忘记保持一颗冷静的心去读书、思考，修身养性。多年征战两湖江淮，将士堆尸如山，其中之苦难艰辛，让一介书生磨砺为20万湘军统帅，封侯登阁，左右东南大局，而他心中追求的却是"归来再读书"的恬静。

但，你得读好书。

风尘三尺剑，社稷一戎衣。

文章千古事，得失寸心知。

我在朋友圈写过一段话：你永远赚不到超出你认知范围外的钱，除非你靠运气。

但是靠运气赚到的钱，最后往往又会靠实力亏掉。

这是一种必然。

你所赚的每一分钱，都是你对这个世界认知的变现。你所亏的每一分钱，都是因为对这个世界的认知有缺陷。

这个世界最大的公平在于：当一个人的财富大于自己认知的时候，这个社会有100种方法拿走你的财富，直到你的认知和财富相匹配为止。

约2 500年前，孔子其实就已经给过人们提醒：德薄而位尊，智小而谋大，力小而任重，鲜不及矣。

人人都得为自己的愚蠢埋单，这并不过分。

真心把这本好书《投资中简单的神奇公式》推荐给读者们。

格隆汇创始人　格隆博士

2020 年 5 月 18 日

——— 前言 ———

2014年年初，著名股票投资分析师兼投资作家张化桥先生来我们公司办了一场讲座。由于当年股票市场一直处于不温不火的状态，大家抱怨投资多年但收益并不如意时，也向张先生请教：有没有一种又简单又可以穿越A股牛熊的投资方法？张先生想了想，说自己最近在看一本书，作者是美国投资大师乔尔·格林布拉特，书名叫"The Little Book That Beats The Market"，直译的话书名应该叫《战胜华尔街的一本小书》。书中介绍了挑选股票的一种神奇公式，这种方法非常简单，并声称年回报率平均可以达到20%以上。但书中也提到，使用该公式需要坚持5～10年才会有效，一般人很难有这样的信念坚持下去。

张先生的言下之意是乔尔的神奇公式应该能在A股适用，但是由于他也没有做过数据回测，因此该公式在A股的应用效果如何也不好说。紧接着到了2014年下半年，A股迎来了一轮牛市，所谓的神奇公式早被当天参加讲座的人们抛于脑后，题材热点、内幕、并购重组概念成为投资者追逐的焦点。股市由原来冷清的"艺术馆"一下子变成了热闹的"游乐场"，任何股票投资方式都不如消息题材来得刺激和有效，股神遍地走，民间散户成了微博网红，甚至券商的股票经纪员也成了大家吹捧的专家，各种平台都开始招募高手发行自己的私募基金，"4 000 点才是牛市起点""万点不是梦"的言论不绝于耳。但好景不长，2015 年 6 月开始的几次股灾像一盆冷水将各种股市专家彻底浇醒，此时大家才发现，原来 A 股还是那个让大部分散户长期赚不到钱的市场。在 A 股，投资者短时间赚钱或者买到涨的股票其实并不难，难的是建立能长期盈利并稳定投资的模式，因此学习一种有效的投资方式非常有必要。

在经历了 2015 年的 3 次股灾后，我又重新想起张化桥先生当时所说的神奇公式，发现这时候该书已经出了中文版，于是买来学习。不知道是这本书的翻译水平有限，还是其他原因，这本书的译名为《股市稳赚》，听起来像一本成功学之类的书籍，无法让人信服。抛开书的译名，应该说《股市稳赚》这本书还是写得相当棒的。乔尔用简洁的语言、有趣的比喻，逐步为读者介绍神奇公式为什么有效，甚至让一个毫无投资知识的人也能理解其公式的核心理念。

由于《股市稳赚》这本书提出的神奇公式是应用在美国股市上的，在我们印象中，美股牛市持续的时间比较长，因此我和大多数人看完这本书后的第一个想法就是：神奇公式是否能应用于我们熊长牛短的 A 股呢？怀着好奇心，我们在朋友的协助下开始了神奇公式在 A 股的数据回测工作。没想到的是，神奇公式在 A 股的应用效果非常好，20 多年下来，总收益率超过 200 倍，年化平均回报率超过 25%！

亲自验证了神奇公式的有效性后，我们除了个人投资应用神奇公式方法外，还开始上网搜集对神奇公式的研究、分析、数据等信息，研究神奇公式在其他股市的应用情况以及改进方式，定期地把一些研究成果公布在社交账户上。

需要声明的是，我并不是一个职业投资者，我个人的投资战绩在应用神奇公式之前也并不出色，但是有太多和我一样不专业、没时间天天盯着股市看的普通股民，需要一种真正简单、有效的投资方法。我写这本书，也是希望读者们能通过它了解整个神奇公式的运用方法和原理，以及其他各种研究信息等，不需要大家像我们过去那样费尽心思地去查找有关神奇公式的各种资料。

最后，引用乔尔在《股市稳赚》一书中的一句话："祝愿这笔小小的时间投资，能在未来使你更为富有。"

张峻恺

2020 年 1 月 4 日

—— 目录 ——

第 1 章　乔尔·格林布拉特和他的神奇公式　/ 1

1.1　乔尔·格林布拉特的价值投资传奇　/ 3

1.2　股票是利益和风险共享的凭证　/ 6

1.3　股票的买入价值判断依据　/ 11

1.4　投资回报和收益率　/ 16

1.5　神奇公式的投资内涵　/ 18

本章小结　/ 19

第 2 章　穿越 A 股牛熊的神奇公式　/ 21

2.1　A 股和美股的长期收益率对比　/ 22

2.2　散户投资的盈利比例　/ 24

2.3　主动管理基金和被动指数基金长期收益比较　/ 27

2.4　挑选长期股票组合的方法　/ 31

2.5　神奇公式 25 年 A 股数据回测　/ 38

2.6　神奇公式在 A 股中的选股方式　/ 43

本章小结　/ 44

第 3 章　A 股牛市中的神奇公式　/ 47

3.1　回归牛：1996—2000 年　/ 48

3.2　蓝筹牛：2005—2007 年　/ 59

3.3　小盘牛：2012—2015 年　/ 69

3.4　白酒牛：2016—2017 年　/ 76

本章小结　/ 77

第 4 章　A 股熊市中的神奇公式　/ 79

4.1　5 年科技泡沫熊市：2001—2005 年　/ 80

4.2　6 年连续 L 型底熊市：2008—2013 年　/ 89

4.3　全球化逆流下的熊市：2018—目前　/ 101

本章小结　/ 104

第 5 章　神奇公式使用注意事项　/ 105

5.1　投资回报率和收益率的定义　/ 106

5.2　公司业绩的持续性问题　/ 110

5.3　关于分散持仓　/ 111

5.4　价值投资者和趋势投资者　/ 120

5.5　信任和坚持的作用　/ 122

本章小结　/ 123

第 6 章　神奇公式的改进方法研究　/ 125

6.1　预判牛熊买入卖出策略　/ 126

6.2　动态持仓的改进方式　/ 137

6.3　定投持仓法　/ 142

6.4　神奇公式参数优化　/ 145

6.5　GPA（毛利率占总资产的比例）优化方案　/ 147

6.6　混合优化方案　/ 148

本章小结　/ 149

第 7 章　神奇公式在其他市场的表现　/ 151

7.1　神奇公式在美股中的表现　/ 152

7.2　神奇公式在港股的表现　/ 157

7.3　神奇公式在欧洲股市的表现　/ 162

7.4　神奇公式在巴西股市的表现　/ 168

7.5　神奇公式在泰国股市的表现　/ 172

7.6　神奇公式在中国 B 股中的表现　/ 175

本章小结　/ 177

第 8 章　神奇公式的一些工具　/ 179

8.1　神奇公式的应用网站　/ 180

8.2　神奇公式的研究网站　/ 187

8.3　股市数据库来源　/ 190

8.4　神奇公式的已发行基金　/ 193

本章小结　/ 195

第 9 章　神奇公式问与答　/ 197

9.1　问题 1：神奇公式如果越来越多的人使用，会不会失效？　/ 198

9.2　问题 2：神奇公式对周期股是否同样有效？　/ 199

9.3 问题3：为什么要剔除金融股？ / 202

9.4 问题4：是否需要剔除公用事业股？ / 203

9.5 问题5：能不能把神奇公式反过来用，筛选出"质差价高"的上市公司进行长期做空操作？ / 203

9.6 问题6：为了分散投资风险，能不能利用神奇公式全球主要市场选择出一个股票组合进行长期投资？ / 204

9.7 问题7：市面上基金那么多，能否用神奇公式来挑选基金呢？ / 205

本章小结 / 205

参考文献 / **207**

致谢 / **211**

第1章

乔尔·格林布拉特和他的神奇公式

乔尔·格林布拉特是美国的一名投资大师，1980年从沃顿商学院毕业，1985年用700万美元的启动资金成立了自己的对冲基金——哥谭资本。在哥谭资本（Gotham Capital）成立后的10年间，乔尔的投资表现可以用惊艳来形容，10年年均回报率超过50%，成为华尔街的一个奇迹。乔尔在华尔街这10年间形成了一种独特的投资方式，核心理念就是"寻找便宜的优质公司"。2005年，乔尔把自己的投资理念整理成了《股市稳赚》（英文版书名为"The Little Book That Beats The Market"）一书，如图1-1所示。由于该书写得简单易懂，并且非常有趣，全世界卖了30万本。

图1-1　乔尔的《股市稳赚》一书

为了便于读者理解乔尔神奇公式的核心理念，本章将通过 1 章的篇幅来介绍乔尔和他的神奇公式。为了让大家更好地理解本章内容，请大家在正式阅读本书前先思考以下几个问题：

（1）股票到底是个什么东西？

（2）如何判断一家公司的股票是否有买入的价值？

（3）抛开股票，如果朋友让你和他合伙开一家公司，你如何判断这个公司是应该投资还是应该拒绝？

1.1　乔尔·格林布拉特的价值投资传奇

1957 年，乔尔·格林布拉特出生于美国纽约的一个中产家庭，和美国当时大多数小朋友一样，乔尔从小迷恋超级英雄故事，喜欢超人和蝙蝠侠漫画，这也许是他未来把自己的对冲基金命名为蝙蝠侠所在的城市——哥谭的原因之一，可能也是他善于把复杂问题简单化、通俗化，让小朋友都能听得懂的原因。但和美国大多数小朋友不同的是，乔尔天资聪颖，以优异的成绩考入宾夕法尼亚大学。1980 年，乔尔从宾夕法尼亚大学著名的沃顿商学院研究生毕业，在沃顿商学院期间，乔尔完成了一个关于股票课题的研究——如何找到低于公司清算价值的股票投资策略，其实这本质上就是本杰明·格雷厄姆的"捡烟蒂"投资策略。这个课题让年轻的乔尔对股票市场豁然开朗，明白了股市投资的本质其实就是要先弄清楚这个公司值多少钱，然后用便宜的价格买下来，留出足够的安全边际空间。

1980 年的美国股市可以说和我们现在的中国 A 股非常类似。20 世纪60—70 年代，美国的股市曾经有 17 年没涨。如图 1-2 所示。1979 年，《商业周刊》曾刊登了一篇名为《股市已死》（*The Death of Equities*）的著名文章。1980 年，美国物价、房价飞涨，但是股市却死水一潭，像乔尔这样的美国名校毕业生的就业目标主要是就职于跨国企业、房地产公司、律师事务所，投身于券商等股票行业并不是一个明智的选择。

因此，23 岁的乔尔在完成自己的股市投资研究课题后，听从了自己家人的建议，继续攻读法律学位。

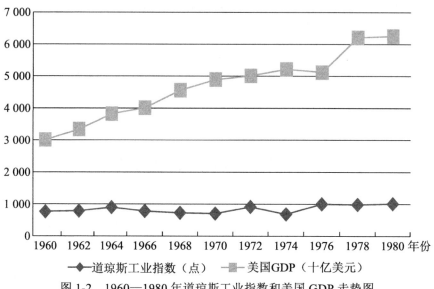

图 1-2　1960—1980 年道琼斯工业指数和美国 GDP 走势图

但是乔尔在攻读法律学位一年后发现，做律师并不是自己的爱好，也不适合自己，于是决定辍学并直接到一个对冲基金上班。也许是命运在奖励遵从自己内心的年轻人，20 世纪 80 年代后，美国股市开始铁树开花，迎来了自己的黄金年代。从 1980 年开始到 2019 年，标普500 指数涨幅高达 25 倍，年均涨幅高达 8.4%，而同期 10 年国债收益率年均回报率只有 6.3%，持有房产的年均回报率仅有 4.3%，如图 1-3所示。历史潮流造就了有准备的乔尔，在加入对冲基金后，乔尔很快就有机会将自己的研究成果在对冲基金公司内加以应用。经过了 5 年左右的磨炼，乔尔将自己的理论和实践形成了一整套投资心法，并在1985 年获得了"垃圾债券大王"迈克尔·米尔肯的 700 万美元启动资金，成立了属于自己的对冲基金——哥谭资本。

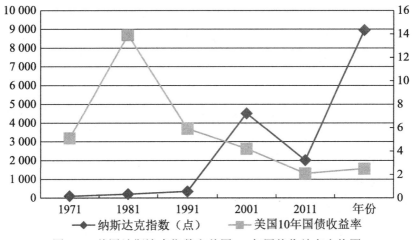

图 1-3　美国纳斯达克指数和美国 10 年国债收益率走势图

初出茅庐的格林布拉特从起步就展现出天才般的投资能力。在他的操盘下，哥谭资本在 1985 年成立至 2005 年的 20 年间，资产规模从 700 万美元增到 8.3 亿美元，年均回报率高达 40%，堪称华尔街的投资奇迹。即便是经历了 2008 年的金融危机，哥谭资本的资产管理规模依然维持在 9 亿美元的水平，年化收益率仍高达 30%，在 1985—1994 年美国股市的黄金十年间，乔尔的对冲基金甚至达到了年回报率 50% 的惊人成绩。

2005 年，乔尔·格林布拉特出版一本仅有 150 页的小书《股市稳赚》，并在书中将自己的投资经验浓缩为一个简单易懂的“神奇公式”：从资产收益率高和市盈率低的综合排名中，选择前 20 ～ 30 只股票，形成一个组合，分别买入并持有一年后卖出。这个公式看似简单，但是在 1988 年至 2004 年的 17 年间，投资者的投资组合回报率将达到 30.8%，而同期标准普尔 500 指数的年复合回报率仅为 12.4%。乔尔声称，只要坚持这样的投资方法 10 年以上，在美国的投资年化收益率将超过 20%。事实上，乔尔的投资理念归根结底仍是价值投资，即找到业务好同时又比较便宜的股票。

乔尔书中提出的神奇公式选股模式，其核心是：低价买入并持有一段时间优秀公司的股票。因为从本质上说，买股票就是买公司，和买其他东西一样，要的是物美价廉。而神奇公式的两个指标——投资回报率和收益率就是来衡量"物美"和"价廉"。只要坚定不移地运用神奇公式，并有足够的耐心长期持有选中的股票，就能成为股市中稳赚的赢家。

2010 年，乔尔·格林布拉特总结了神奇公式过去 5 年以来的效果，并对《股市稳赚》这本书进行了再版，这次的书名叫作"The Little Book That Still Beats The Market"，意思是在股市投资依然稳赚，神奇公式依然能够战胜市场。在再版书里，乔尔·格林布拉特增加了 35 页的后记，详细描述了对神奇公式的观察和解答。

2011 年，乔尔·格林布拉特出版图书《股市天才：发现股市利润的秘密隐藏之地》，该书不讲述基本投资理念，而是讲如何通过不寻常的特殊事件和投资品种来投资，当上市公司发生分拆、并购、破产、重组等特殊事件时，往往会出现可以获取巨额盈利的投资机会。该方法可以认为是乔尔神奇公式的 2.0 版本。

1.2　股票是利益和风险共享的凭证

到底什么是股票？

这个问题听起来也许十分愚蠢，无论是对于炒股几十年的老股民还是刚进入股市的"90 后"来说，股票就是那个每天开市后涨涨跌跌的家伙，让人一会儿准备开市换跑车，一会儿准备收市"关灯吃面"。但是当你对身边的股民提出什么是股票这个问题后，大部分人似乎都无法给出一个很明晰的回答。这里面有部分人是由于对股市有不同的理解，但是更多的人，包括那些在股市沉浮了几十年的老股民，股票对他们来说就是些滚瓜烂熟的 K 线，但是要他们说出来他们买的东西背后到底是什么，真的是一件很困难的事情。

历史上比较公认的说法是股票起源于 17 世纪荷兰的阿姆斯特丹，由于当年荷兰人是世界闻名的"海上马车夫"，海上运输存在着极大的风险，但又与巨大的利润并存。一船货物从欧洲运抵亚洲，利润在500% 左右，但是如果货物中途遇到风浪等不确定因素沉没了，那么这艘船的主人将血本无归。为此，荷兰人的船商发明了一种风险共担机制，把一艘货船的 20 个货舱分别卖给 20 个不同的货商，货商获得船舱使用权后，自行在船舱放入自己经营的货物到目的地卖出，这样一来，船商在航船出发前就收到了一大笔货舱使用费，且不需要自己承担货物和资金风险，而货商又不需要购买一整艘船就可以进行货物买卖获取利润，因此也愿意承担风险，这样船商和货商都成为利益共同体，双方都很满意。但到了后期，货商觉得自己承担一个货舱货物的风险还是太大了，于是想到一个办法，把整个船舱拆分成 100 份的票据卖给阿姆斯特丹的城市居民，让这 100 个城市居民享有这个货舱的收益和风险，城市居民觉得钱不多，风险可以承受，同时还有可能得到 500% 的利润机会，于是也很愿意加入这艘货船的利益共同体。这一风险共担机制就是现代公司制度的前身，而这些风险分担、收益共享的票据，就成了股票的前身。图 1-4 为阿姆斯特丹证券交易所，该交易所被认为是世界上最早发行股票的交易所。

图 1-4　阿姆斯特丹证券交易所

所以，股票的本质，其实就是风险分担、收益共享的凭证。

本书并不系统地讲述金融史，我们的目的是希望读者能理解如何判断我们买入的股票是否物有所值。请看下面的一个例子。

我博士毕业的学校，实验室有个传统：每年的教师节，导师都要让我们这些毕业的大师兄回来和新来的师弟师妹们做一些交流和分享。一方面，导师希望我们这些走入社会的人士给年轻的学生传递就业经验；另一方面，导师也想让大家了解一下现在实验室新项目的进展情况，以便未来有合作的机会。我记得2015年那次我回实验室的时候，一个研一的李师弟向我咨询要不要参与他们学生会的一个项目。李师弟当时给我分享的这个项目还挺有意思的，项目大致是这样的：华工学生会下面的一个协会搞了一个学生创业项目，几个核心学生骨干2013年在华工的五山校区通过众筹的方式开了一家南瓜西餐厅，两年多时间下来，餐厅的经营情况还不错，于是这几个学生骨干准备在华工的大学城校区再开一家分店，分店的资金同样是通过众筹的方式，重点向学生会及下属协会的研一和大二学生优先募资，每人出资一万元，作为该南瓜西餐厅大学城分店的股份，学生毕业时可以选择继续持有该股份或者退出，退出后的股份由下一届大二和研一的学生接手。

"那作为南瓜西餐厅的小股东，你们会获得什么权益呢？"我问李师弟。

"是这样的，对于出资一万元的学生小股东，主要有三个方面的权利和责任：

（1）股东需要每周至少到店里有偿服务一天，工资100元/天，如果一个月到店服务少于3次，股东将无法获得本月的分红收益；

（2）股东带客到南瓜西餐厅消费将获得7折优惠，股东需每年带客进店消费10次以上（但不强制不惩罚），带客消费一年超过30次的股东将获得500元奖励金；

（3）餐厅每年按营业利润对每个股东进行分红，分红金额按股份比例折算。"

"好，我认为我们需要把问题简化一下。"

听完李师弟对南瓜西餐厅项目的描述后，我给出了几点建议：

"由于前两个股东权益价值无法衡量，比如到店里有偿服务可能对某些比较闲的学生比较可行，但是对平时比较忙的学生来说反而是一种负担，而消费 7 折优惠也很难计算出具体的收益，因此这两个股东权益暂时不去考虑。到底要不要参与这个项目，你需要跟我讲清楚的问题应该在股东分红这块，你需要去了解清楚以下两个问题，然后再回来一起讨论：

（1）整个南瓜西餐厅的股东组成是怎样的，每个股东出资和占股比例是多少？

（2）由于华工五山和大学城基本的客户群都差不多，我们可以把南瓜西餐厅五山主店从 2013 年到现在的销售额、毛利润、固定支出等财务数据作为大学城分店未来的股东权益预期。"

没想到，李师弟在听完我的建议后，很快就通过资料搜集、现场调研等方式，获取了我所需要的这两个问题的答案。

首先我们来看南瓜西餐厅的股东出资和组成。

南瓜西餐厅大学城分店总投资是 100 万元左右，4 个南瓜西餐厅骨干共投资 50 万元，占 50% 的股份，剩余的 50 万元投资分成 50 股，通过众筹的方式向本校学生募股，每股 1 万元，占股 1%。整个公司的股份组成如表 1-1 所示。

表 1-1　南瓜西餐厅大学城分店的股东和出资组成

	四个西餐厅骨干	李师弟	其他 49 个学生	共计
出资（万元）	50	1	49	100
占股	50%	1%	49%	100%

我们再来看一看南瓜西餐厅五山总店的经营情况。

五山总店 2014 年的营业额为 200 万元，对于学生创业者来说已经是非常了不起的成绩。但是这 200 万元的营业额并不是这家餐厅的净利润，因为经营餐厅还包含了许多成本：

（1）首先，经营餐厅需要购入菜品原材料。餐厅的顾客以学生为主，因此菜品的定价不能太高，总体的毛利率在 30% 左右。

（2）另外，装修餐厅、购置桌椅和餐具等共花费 24 万元左右，按 3 年折旧计算，每年的成本大概是 8 万元。

（3）餐厅需要支付租金，一年大概是 14 万元。

（4）餐厅的服务员大量是餐厅股东和学生在做兼职，所以人员工资开支总体不高，但一年也需要 16 万元左右。

（5）其他行政费用、一般性开支大概 2 万元。

（6）增值税税率大概是 20%。

根据李师弟提供的信息，我们一起编制了一张南瓜西餐厅总店 2014 年的收入的表格，这种表格称为"损益表"。如表 1-2 所示。

表 1-2　南瓜西餐厅五山总店 2014 年损益表

总收入		200 万元
原材料成本	负	140 万元
毛利润		60 万元
装修餐厅、购置桌椅和餐具等固定支出（三年折旧）	负	8 万元
租金	负	14 万元
服务人员工资	负	16 万元
行政费用，一般性支出	负	2 万元
税前收入		20 万元
税额（税率 20%）	负	4 万元
净收入		16 万元

根据该表，我们可以很清晰地看到南瓜西餐厅 2014 年的经营情况。如果李师弟在 2014 年之前，以 1 万元的价格投资这家餐厅 1% 的股份，那么他到 2014 年年底得到的分红就是 1 600 元的现金，相当于每股收益率为 1 600 元，那么李师弟的投资回报率为

$$1\ 600\ 元 \div 1\ 万元 \times 100\% = 16\%$$

李师弟手上有 1 万元左右的资金闲钱，他平时把这部分资金放在余额宝里面，收益率大概是 4% 左右。如果南瓜西餐厅在大学城校区开一家新店，由于商业模式和客户群体的相似性，那么新店的投资收益率也会在 16% 左右，16% 的回报率明显是要比 4% 高很多，因此我当时给李师弟的建议是可以去尝试做这笔投资，即使万一亏了，也可以当作一种尝试。李师弟听完我的建议后，很高兴地参与了这个南瓜西餐厅的新项目。

当然，实际上这个投资问题并没有那么简单，虽然看起来南瓜西餐厅新店未来投资收益率很可能在 16% 左右，但是如果我们再多考虑一些因素，比如在大学城区域可能会遇到强劲的同类餐厅对手，还有比如西餐厅未来可能突然不受学生欢迎，等等，那么这笔投资的未来将十分不确定。因为我们无法预知未来，新的南瓜西餐厅是否可以保持 2014 年总店的盈利水平的确是一个无法预知的问题，因此李师弟的投资是否能获得 16% 的回报，我们无法确定。但是反过来想，也可能南瓜西餐厅在大学城大受欢迎，顾客人流比在总店更多。这样，股东到年底时候获得的每股收益可能会更高，那么李师弟也可能因此大赚一笔。

如果把这家南瓜西餐厅看成是股市的上市公司，其实我们平常交易股票，决定是否买入股票的最核心因素，应该是需要看这家公司的每股收益情况，而不是去看这只股票的 K 线涨跌图。如果这家公司股票的每股收益率大于国债、银行利率，那么这家公司的股票就有买入的价值。至于这家公司未来收益的预测，就是各种职业投资分析师、专家、MBA（工商管理硕士）需要干的事情了。

通过南瓜西餐厅的例子，我们掌握了以下几个知识点：

（1）购买企业的股票就意味着购买企业的一部分，相当于获得了该企业未来收益的一部分权益；

（2）计算一家公司的价值，需要从这家公司未来的收益预测来评估；

（3）如果这家公司的未来收益还不如银行定期利率或者国债收益，那么就没有买入的价值，还不如把投资的钱存入银行。

1.3　股票的买入价值判断依据

本章 1.2 节所述的南瓜西餐厅的例子是为了向大家展示股票背后所代表的含义到底是什么，那么到底如何判断一家公司的股票是否有价值呢？继续以上文提到的南瓜西餐厅为例。我们知道，南瓜西餐厅的骨干们把南瓜西餐厅卖给师弟们一股的价格为 1 万元，我们把问题变得极端一点，如果南瓜西餐厅的骨干把一股南瓜西餐厅卖给师弟们的价格不是 1 万元，而是 10 万元呢？大家觉得这笔投资李师弟还应不应该继续参与，又或者说，如果西餐厅一股的价格是 1 千块呢，5 千块呢？

如果南瓜西餐厅的股票是我们日常遇到的一件商品，像一瓶矿泉水、一件衣服一样，那么如果商家和你说，这件衣服的价格并不确定，在今年内，价格可能在 1 千～10 万元之间，你一定会觉得老板不可思议。但是在股票市场上，价格在极端情况下一年内上下浮动 80%～90% 都是有可能的事情，比如 2019 年的东方通信（600776）从 2018 年 10 月 19 日最低点 3.70 元到 2019 年 3 月 8 日，不到半年的时间股价到达最高点 41.88 元。也就是说，假设这家东方通信是南瓜西餐厅一家分店的话，在半年的时间里，这家西餐厅基本的客流、收入、利润、成本没有太大变化的情况下，如果李师弟要去买它的股票的话，因为购买的时间不同，他需要付出的价格成本需要在 3.70～41.88 元不等，价格相差超过 10 倍以上。

那么问题来了，到底是什么让东方通信的股票价格在 10 倍上下波动呢？是因为这家公司的经营情况在半年内突然改善，利润增加了 10 倍？还是因为市场里面所有的参与者突然犯傻了或者突然变聪明了，发现了这家公司的真实价值？

"华尔街教父"本杰明·格雷厄姆（《证券分析》一书作者）对股市曾经有过这样的经典论断：想象一下你与一位叫作"市场先生"的狂人共同拥有一家企业。市场先生的情绪一直不稳定，每天都会以特定的价格向你出售或购买股份。市场先生经常会让你自己做决定，你每天可以有三个选择：

（1）可以按市场先生的价格向他出售你的股票；

（2）可以以同样的价格向市场先生购买；

（3）可以既不买市场先生的股票也不卖自己手上的股票。

这个市场先生，其实就类似我们故事中向李师弟售卖南瓜西餐厅股票的南瓜骨干。假设这个南瓜骨干和市场先生一样情绪不定，情绪比较好的时候，他出的价格会比公司实际价值高很多。在这种情况下，李师弟最合理的做法应该是把手中的股票卖给南瓜骨干。但是有时候，南瓜骨干情绪低落，给出了极低的价格，这时候，李师弟就应该想办法到处去筹钱，疯狂地买入南瓜骨干手中的股票。当然，在大多数日子里，如果股票价格不高也不低，李师弟就应该选择持有股票。

实际上，南瓜西餐厅后来真的像市场先生一样情绪不稳定了，前两个西餐厅的项目成功后，几个南瓜西餐厅骨干开始准备把南瓜西餐厅继续扩张下去，走连锁化经营的道路，未来还计划要扩张、上市，从此走上人生巅峰。于是，几个南瓜骨干又开始在 2015 年年底筹划第三家南瓜西餐厅。四个南瓜西餐厅骨干认为前两个餐厅的成功，他们功不可没，并且未来新的分店成功盈利的概率很大，因此，在最新的一轮分店众筹的股权分配模式中，他们几个人调整了之前的出资和经营股份占比，减少了他们四人的出资比例。具体股权结构如表 1-3 所示。

表 1-3　南瓜西餐厅中大店股东和出资组成

	四个南瓜骨干	李师弟	其他 149 个学生	共计
出资（万元）	50	1	149	200
占股	50%	0.33%	49.67%	100%

由于上一次南瓜西餐厅投资的成功，李师弟很满意，实际上，南瓜西餐厅大学城分店经营得比其总店还要好，李师弟拿到的分红超过了我们之前预估的 1 600 元。这一次，李师弟又来找我请教，是否应该参与这个新的分店项目。李师弟其实自己也明白，虽然和上个项目一样，每个人都只需要出一万元股本，但是实际获得的股份比上次少了三分之二。四个南瓜西餐厅的骨干对此给出的解释是，因为四个骨干接下来要全职地投入南瓜西餐厅项目，要加大投入，准备 5 年内在广东省内扩张 20 家连锁店，并且考虑未来上市，立志成为未来中国麦当劳式的连锁品牌。为了实现这个目标，他们觉得自己会付出更多，理应占有项目更多的股份。同时，由于餐厅原材料、租金等价格上升，因此他们需要向同学众筹更多的资金。

听说项目未来可能会上市，李师弟过来找我的时候说话也有点激动，因为年轻人总觉得自己碰到一个"马云十八罗汉"这样的团队是很不容易的事情。但是作为一个理性投资者，我还是劝李师弟按之前的办法分析一下项目的投资收益率，至于说以后上市走上人生巅峰之类的梦想，我们稍后再来做估算。由于有了投资餐厅的经验，李师弟大致估算了中大分店的一些经营预测：

（1）由于新的南瓜西餐厅开在中大校区，而中大本部位于市中心，因此预计收入比其他两家都会高，大概年收入在 300 万元左右；

（2）和其他两家餐厅一样，餐厅客户群体均为学生，消费能力不强，因此扣除原材料后，毛利率在 30% 左右；

（3）由于物价上涨等原因，餐厅的装修、桌椅、餐具等固定支出共 48 万元左右，按三年折旧计算，每年的成本大概是 16 万元；

（4）餐厅位于市中心，本身租金价格比较高，并由于 2015 年房价和商业楼宇价格大涨，因此铺租也水涨船高，大概一年 35 万元；

（5）新餐厅服务员仍将大量由餐厅股东、学生兼职，但是由于物价上涨，一年成本约 24 万元；

（6）其他行政费用、一般性开支 2 万元；

（7）增值税税率大概是 20%。

李师弟根据对餐厅经营模式的理解，以及对中大附近的各种成本和客流的了解情况，大概给出了 2016 年中大分店开张后的经营预测情况，如表 1-4 所示。

表 1-4 南瓜西餐厅中大分店 2016 年损益表（预测）

总收入		300 万元
原材料成本	负	210 万元
毛利润		90 万元
装修、桌椅、餐具等固定支出（三年折旧）	负	16 万元
铺租	负	35 万元
服务人员工资	负	24 万元
行政费用，一般性支出	负	2 万元
税前收入		13 万元
税额（税率 20%）	负	2.6 万元
净收入		10.4 万元

根据该表，李师弟如果投入 1 万元，获得这家餐厅 0.33% 的股份，那么他在 2016 年年底得到的分红应该是 346.7 元，相当于每股收益 346.7 元，那么李师弟的投资回报率为

$$\frac{346.7元}{1万元}\times100\%=3.467\%$$

乍一看，这个投资回报率起码还能比 CPI（居民消费价格指数）高一些。但是，除非李师弟准备把自己的钱藏在垫子下面或者放在储存罐中，这样的话李师弟的货币将会无法增值，否则的话，李师弟还有很多其他投资选择，比如同期，余额宝的收益率为 4% 左右。我们先不考虑未来南瓜西餐厅是否会上市，股票是否会升值等问题，单单从预测的投资收益率来看，投资这家中大分店的收益率，还不如把钱存在余额宝中。

实际上，我们假设李师弟的测算得当，南瓜西餐厅大学城分店和中大分店的净收入均差别不大，投资回报减少的主要原因是两家店的股票价格相差比较大，大学城分店和中大分店虽然每股的价格同为 1 万元，但是由于中大分店股本是大学城分店的 3 倍，因此中大分店每股收益率自然比大学城分店要低。究其原因，是南瓜骨干这个市场对手"情绪不稳定"，当他们觉得自己很重要的时候，就把股价定得很高，让买的人付出更高的代价；当他们觉得自己还需要证明自己能力的时候，就把股价定得很低，让买的人和自己承担相同的收益和风险。

格雷厄姆认为，当一家公司股票以极大的折价进行买卖的时候，投资该股票就有了安全空间，在你所估计的每股的实际价值和你实际购买每股的实际价格之间，就存在一个投资的安全空间。简而言之，南瓜西餐厅这个例子告诉我们，假设同样获得这家西餐厅 1% 的股份，当你花少于 1 万元的时候，就有了安全的空间，你最后赚钱的概率就会比较大；但是当你需要花费超过 3 万元买入西餐厅 1% 的股份的时候，你的投资收益率将很可能跑不赢余额宝。当然，如果你的花费超过 10 万元，那么恭喜你，你的投资有可能和把钱放在枕头底下差不多。

如果您已经搞明白了上面关于价格、价值、安全空间的问题，

通过南瓜西餐厅中大新分店的例子，我们还有一个问题需要讲清楚：我们怎么知道李师弟对新开的中大分店的盈利估算是正确的呢？假设李师弟估算不准确，比如中大分店实际收入并没有300万元那么多，最终可能因为经营不善只有200万元，那么新的分店就很可能亏损，那么南瓜西餐厅的所有股东，到年底不仅得不到分红，而且还会赔本。

如果预测一家餐厅的盈利都那么困难，可以想见预测上市公司未来的盈利更是一件非常复杂的事情。我们那么多的分析师，每年拿着几百万元的年薪，就是在做预测收入利润等数据工作。那么我们又凭什么觉得自己比这些人聪明，从而通过预测上市公司收入来买卖股票盈利呢？我们继续往下看。

1.4　投资回报和收益率

如本章1.3节所述，我们对一个公司的未来经营情况其实并不是那么的确定。关于预测，我们还是留给证券分析师吧，真正需要关心的是这家公司过去的经营情况。我们的目的是要告诉大家如何、为什么要选择质优价低的公司，我们还是以南瓜西餐厅为例。南瓜西餐厅有三个店：五山总店、大学城分店、中大分店。假设我们认真分析了这三家店在2016年的经营情况，根据这三家店编制的资产损益表，我们可以得出它们的投资回报情况，如表1-5所示。

表1-5　三家南瓜西餐厅2016年的投资回报分析

南瓜西餐厅集团	五 山 总 店	大学城分店	中 大 分 店
总投资（万元）	100	100	200
净收益（万元）	16	20	10.4
投资回报率（%）	16	18	10.4

如果单纯从这三家店在2016年的经营情况来看，哪家店经营得最好呢？答案显而易见，大学城分店的投资回报率为18%，是这三家

店经营状况最好的店，因此从投资的角度来说，也最具投资价值。

但是即使这家分店经营得最好，根据上文分析，假设南瓜西餐厅的股东用 10 万元的价格卖给你 1% 的股份，你会认为这是一笔好的投资，并且急迫地愿意参与这个项目吗？因此我们除了要看这家公司的投资回报率外，还需要看股东用什么价格卖给你这家分店的股份，这个评价方式就是上文所述的投资收益率，如表 1-6 所示。

表 1-6　三家南瓜西餐厅的每股投资收益率分析

南瓜西餐厅集团	五 山 总 店	大学城分店	中 大 分 店
总股份	80 股	100 股	300 股
每股收益（万元）	0.2	0.18	0.034
投资收益率	20%	18%	3.4%

这里补充一个上文没有提到的信息，因为响应国家"万众创新，大众创业"的政策，学校当时对符合要求的创业团队提供了奖励补贴，南瓜西餐厅五山总店拿到了这笔创业补贴，金额大概 20 万元，因此其余的股东只需要投入剩余的 80 万元就可以占股 100%。根据表 1-6，五山总店的总股份数为 80 股，每股收益率为 16 万元 /80 股 =0.2 万元 /股，股东投入 1 万元回报为 2 000 元，投资回报率为 20%。

从投资收益率来说，如果李师弟同样投入 1 万元，那么他获得投资收益率最高的店同样是五山总店，而中大分店由于发行的股份是其他店铺的三倍，因此每股收益率最低，投资收益率只有 3.4%。也就是说，南瓜西餐厅的骨干在卖中大分店的股份给学生股东的时候，卖的股份价格是其他店铺的 3 倍，是一个不太划算的投资买卖。

综上所述，我们可以得出以下结论：

（1）高收益率的公司比低收益率的公司要好，因为买入高收益率的公司股票意味着以低价买入一家企业的股份；

（2）高投资回报率的企业要比低投资回报率的企业好，因为买入高投资回报率的公司股票意味着买入了一家好的、质优的企业。

综上所述：以低价买入好企业的股票是赚大钱的诀窍。

1.5　神奇公式的投资内涵

伟大的格雷厄姆曾经提出过著名的"捡烟蒂"理论，他的投资方法主要是购买股价极低的公司股票，如果一家公司股票价格低于该公司需要破产清算时候的股价时，格雷厄姆就鼓励大家大笔地买入这些"大减价"的公司股票。格雷厄姆声称，如果有人能按他的理论以低价买入 20 ～ 30 家公司的股票，那么他就能获得非常不错的收益。

格雷厄姆的"捡烟蒂"理论其实隐含两个前提条件：

（1）市场先生由于某种特殊的理由，比如情绪不稳定，遇到火灾等突发情况，把某些公司的股价压低到低于该公司流动资产、低于该公司现金流等情况时；

（2）为了应对某些无法预料的突发风险，比如公司破产等，因此同时买入 20 ～ 30 只低价股票分担风险。

格雷厄姆曾经历过 1929 年大萧条，当时股市低迷，多数投资者不愿意对股市给予高估值，因此格雷厄姆利用"捡烟蒂"理论在当时一直能找到很便宜的公司，也被证明在大萧条过后的几十年里效果一直很好。但到了布雷顿森林体系结束、货币泛滥的今天，无论是美股还是中国 A 股，大量公司已经进入高估时代，已经很少有公司能严格符合格雷厄姆公式要求了。因此，我们需要寻找一种新的投资方法。

正如本章 1.4 节中提到一家好公司的标准不应该是简单的低价，而是"质优价低"，所以在 A 股三千家公司里面，我们肯定愿意选择一家高收益（相对于买入价格回报高）、高投资回报（相对于该公司投入成本收益高）的公司。如果我们能持续买入 20 ～ 30 家这样高收益、高投资回报的公司来分担风险，那么长期来看，我们盈利的概率将非常大。

持续每年买入 20 ～ 30 家高收益、高投资回报公司的股票，这就是乔尔·格林巴拉特神奇公式的全部内涵。乔尔声称，从 1988 年到 2004 年这 17 年中，如果你能在美国股市持续采用这种买入"质优价低"

的公司股票组合的方法，那么每年平均收益率将达到 30.8%。简单说，如果在 1988 年有人通过神奇公式投资 1 万美元，那么到 2004 年，这个人将会得到 105.6 万美元！

表 1-7 是《股市稳赚》书中展示出的神奇公式长期收益率。

表 1-7　神奇公式与 S&P 500 指数从 1988 年到 2003 年收益对比

年　份	S&P 500 指数	神奇公式
1988	16.60%	27.10%
1989	31.70%	44.60%
1990	−3.10%	1.70%
1991	30.50%	70.60%
1992	7.60%	32.40%
1993	10.10%	17.20%
1994	1.30%	22.00%
1995	37.60%	34.00%
1996	23.00%	173.00%
1997	33.40%	40.40%
1998	28.60%	25.50%
1999	21.00%	53.00%
2000	−9.10%	7.90%
2001	−11.90%	69.60%
2002	−22.10%	−4.00%
2003	28.70%	79.90%
2004	10.90%	19.30%
年平均回报率	12.40%	30.80%

这么神奇的公式，在熊长牛短的 A 股适用吗？本书之后的章节将讨论这一问题。

本 章 小 结

本章在介绍神奇公式之前，首先回顾了投资大师乔尔·格林布拉特的投资传奇，并且简单介绍了以下几个问题。

（1）股票实际上是风险分担、收益共享的凭证，因此对于一个理性的投资者，应该尽量选择风险小、收益高的公司股票进行投资；

（2）我们用了一个南瓜西餐厅餐饮连锁店的例子来说明如何计算准备投资的公司的投资回报率和收益率，只有有合适的股价和较高的公司回报，才值得投入；

（3）最后，我们简单介绍了神奇公式的投资内涵，实际上就是买入 20 ～ 30 家公司"质优价低"的股票，并长期坚持这种投资方法。

从神奇公式投资美股的情况来看，年化收益率可以达到30%左右，应该说效果非常不错。

第2章 ——————————————

穿越 A 股牛熊的神奇公式

在上一章，我们介绍了为什么要选择投资回报率和收益率高的公司股票进行长期投资，并且简单展示了乔尔的神奇公式在美股的长期投资效果。在本章，我们将尝试回答读者比较关心的问题：神奇公式是否也能在中国的 A 股应用？

在开始讨论 A 股应用神奇公式前，先提出以下四个问题。

（1）20 年来，投资者投资美股的收益率是否比投资 A 股要高很多？

（2）A 股股民多年来真正赚钱的人比例到底有多少？

（3）投资主动管理基金是否真的比投资被动指数型基金更好？

（4）投资 A 股的投资者通过追踪热点投资主线的方式是否比长期持有股票的收益率更高？

思考以上四个问题，接下来随着我们的分析，一起来探讨神奇公式的魅力。

2.1　A 股和美股的长期收益率对比

在大家的印象中，美股近年来在高科技公司带领下，长期处于牛市阶段；而 A 股由于多年来一些公司财务造假、炒作题材的现象屡禁不止，上证指数经常被股民吐槽"十年如一日"。但假如你在 1995年投 1 万元到 A 股买入上证指数的基金，同时投 1 万元到美国股市买了道琼斯指数基金，那么你是不是认为你的美股收益率要远超 A 股呢？

但实际的情况是，这两笔跨国投资的收益率其实相差并不大，且在 A 股的长期投资指数的收益率还要略高于美股。上证指数和美股道琼斯指数近 25 年的涨幅情况如图 2-1 和图 2-2 所示。

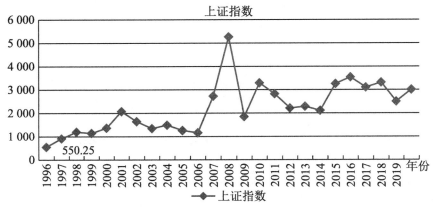

图 2-1　上证指数近 25 年涨幅 5.5 倍

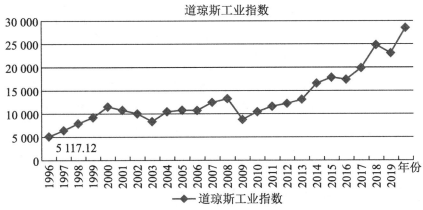

图 2-2　美股道琼斯指数近 25 年涨幅 4.5 倍

在大多数人的印象中，美股是一个长牛趋势的市场，而 A 股是一个牛短熊长的市场。但是实际上，如果把时间拉长看，比如 20 年、30 年，我们会发现两个市场的收益率实际上差别并不大，两个市场长期收益率大概都在 7% ～ 9%。至于 A 股给人感觉股市跌多涨少，原因是 6 124 和 5 178 两轮大牛市让大多数投资者套在了高位；而美股经过几次金融危机，从 2009 年开始走出了一轮大牛市，从 6 000 点上升到最高的 28 000 点左右，大概翻了 4 倍多，而纳斯达克指数更是从

2009 年 3 月的 1 265 点上涨到 2019 年最高的 8 952 点，整整上涨了 6 倍。可能是因为大多数中国投资者在海外投资的时候偏好高科技企业，因此近年来科技股主导的纳斯达克股市"旋风"，造成了大家对美股这 10 年超级牛市的刻板印象。图 2-3 为美股纳斯达克指数近 25 年的涨幅情况。

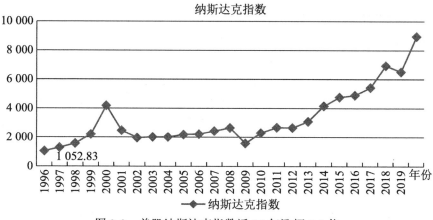

图 2-3　美股纳斯达克指数近 25 年涨幅 8.5 倍

　　印象归印象，历史数据是不会骗人的，从 20 年、30 年的长期投资效果来看，两个股市市场都具备近似的长期投资回报率，因此从理论上说，神奇公式应该不存在 A 股"水土不服"的问题。

2.2　散户投资的盈利比例

　　既然本章 2.1 节中提到中美股市长期的投资回报率基本接近，那么是不是投资者只要长期投资 A 股就能盈利呢？对于散户来说，到底有多少人投资是盈利的呢？我们可以来看看各种研究报告。

　　2013 年诺贝尔经济学奖得主，耶鲁大学著名教授罗伯·席勒曾经出版过一本书《非理性繁荣》，并在书中提到，即使在美国长牛市上，90% 的散户投资者也从来没有赚到钱。后来席勒教授解释，没有赚到钱其实是因为股票投资者投资股票无法跑赢指数，无法跑赢通胀等。比如某散户 5 年前投资股票 1 万元，5 年后经历了股灾终于回本了，看上去该股民并没有亏钱，但是如果把通胀、银行利息、理财收益等计算进去，该散户在这 5 年其实亏掉了机会成本。根据其他经济学家、金融学者研究，在全世界的股票市场上，跑赢大盘的投资者只有 5% 左右。很多市场上，能够跑赢大盘的散户所占比例甚至连 5% 都不到。

美国股市是一个造富神话的天堂，出现了巴菲特、索罗斯等通过股票实现财务自由和名利双收的股神级人物，但是，像巴菲特这样的股神在美国也是九牛一毛。历史上有很多伟大的人物都有过股票投资惨败甚至破产的经历，还有很多经济学史上的著名人物也曾经试图通过经济学来指导自己的股票投资，但大部分都以失败告终，比如凯恩斯在 20 世纪 30 年代大萧条期间损失惨重，差点把自己的身家和国王学院的资金全部赔进去；耶鲁大学伟大的经济学家欧文·费雪，在大萧条期间倾家荡产，还欠了一屁股债，最终只能依靠耶鲁大学的接济和免费提供房子才勉强度过晚年；还有一些著名的基金投资人，比如参与创办美国长期资本管理公司的罗伯森·莫顿和斯科尔斯，曾经通过自己的期权预测公式赚了一大笔钱，但是在 1998 年金融风暴中惨遭破产。

国内的一些经济学大神级人物也和上述欧美学者的投资战绩类似，在股市好的时候赚了不少钱，但是行情不好的时候，把赚的钱赔回去，甚至亏不少钱的牛人也比比皆是。比如香港知名股评曹仁超，他在 1972 年香港股灾前 1 200 点成功看空，躲过了股灾，但是在 1974 年 7 月港股跌至 290 点后，曹认为底部已到，于是拿出所有的积蓄买入和记洋行，谁知道该股票从 1973 年股市泡沫 43 元一直跌到 5.8 元，在曹买入后 5 个月，再度跌到 1.1 元，曹最后只能斩仓，亏损 80% 以上离场。

因此可以说，在股市面前，即使是大神级的人物，对于亏损风险也是无法避免的，过去股市战绩辉煌，并不能保障未来能在股市中战无不胜。图 2-4 是散户交易亏损原因的分析。

国内金融学者向松祚在其著作《金融危机下的大反思》中曾经引用其他经济学家和金融学者对 A 股散户的研究，他们发现散户之所以亏钱，27% 是因为选股错误和交易时机错误；32% 是因为频繁交易而给交易机构、券商上缴了大量的佣金；34% 是由于频繁交易给政府缴纳了大量的税费，比如印花税；还有 7% 的投资者不能选择正确的投资时机。总体上说，A 股 90% 的散户投资者没有赚到钱这一结论数据是可以得到验证的，在熊市末期，比如 2018 年，这一比例甚至高达 95%。

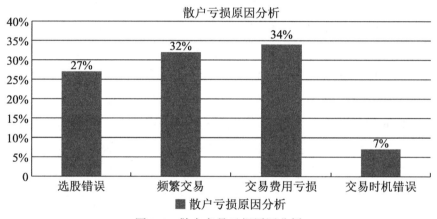

图 2-4　散户交易亏损原因分析

既然前面说到，对于成熟国家的股票市场来说，长期的股票收益率回报是确定的，但是为什么股民亏损的比例又那么高呢？经过行为经济学家的研究，亏损的散户有以下共同的行为特征。

（1）一般的散户缺乏专业的投资经验，**缺乏专业分析能力**。进行股票投资，通常需要投资人对宏观政策、国际形势进行分析，还需要对几千只股票的行业具备分析能力，对公司的财务及业务未来发展进行分析。对于一般的投资者来说，要完全掌握以上能力是基本不可能的，因此也就无法做出正确的交易判断。

（2）**相信神话，盲目追求高收益，忽视风险**。对于投资新手来说，他们经常会听到一些投资者的成功投资经历，报纸杂志也时常会报道一些投资神话人物。久而久之，投资人慢慢就相信了这些投资神话，相信自己也能成为成功投资的奇才。但是实际上，投资神话人物是极少的，大多数投资失败的人其实消失在了人海中，其他投资人也往往喜欢吹嘘自己成功的案例，而隐藏自己的失败，因此造成了相信神话的人盲目追求高收益、忽视风险。

（3）过分相信内幕消息，频繁操作，没有投资的定力。这一点在中国股市最为显著，国内的投资主体主要是散户，大多数的散户喜欢追题材，追热点，相信各种内幕消息，以至于频繁操作，中国股市的换手率是美国的十几倍，最终可能投资者并没有赚到股票的收益，倒是券商、机构、国家通过佣金和印花税赚得盆满钵满，散户最终沦为他们的打工者。

那么问题来了，到底怎么操作才可以规避以上所提到的散户行为特征呢？通过专业的基金投资情况是否会比较好一些呢？

2.3　主动管理基金和被动指数基金长期收益比较

虽然大部分散户是亏损的，但本章 2.1 分析过，长期的投资收益率是可以得到保障的。也就是说，当你投资被动型指数基金，比如沪深 300 指数基金、沪深 300 ETF，你的长期收益率应该能保证 7% ～ 9% 的年回报率。但这时候也许有人会问，假如我能遵从长期投资的理念，并且希望获得更高的收益，那么我能否不选择被动型指数基金，而选择主动型管理基金呢？表 2-1 是 A 股主动型管理基金和被动型指数基金长期收益率的比较。

表 2-1　A 股主动型管理基金和被动型指数基金长期收益率比较

年　　份	主动型基金年平均收益率	被动型基金年平均收益率
2007	127.93%	141.46%
2008	−52.53%	−63.25%

续表

年　　份	主动型基金年平均收益率	被动型基金年平均收益率
2009	75.52%	90.62%
2010	2.67%	−12.60%
2011	−22.76%	−23.55%
2012	5.63%	6.03%
2013	16.68%	−0.70%
2014	22.44%	42.00%
2015	46.80%	18.14%
2016	−12.48%	−11.57%
2017	15.79%	12.07%
2018	−15.56%	−16.58%
年化收益率	11.38%	6.79%

一般认为，主动型管理基金都是通过优秀的基金经理精心挑选上市公司，并对国家宏观经济形势有高屋建瓴的判断，择时进入和退出，进而获得比被动型指数基金更高的投资收益。

问题是，主动型管理基金真的比被动型指数基金收益更高吗？

我们从 2017 年来看，沪深 300 指数上涨了 21.78%，而公募基金的平均回报率大概只有 12%，只有大概 20% 的公募基金跑赢了沪深 300 指数。

我们再来看 2015 年。2015 年经历了一半牛市和一半股灾，总体上说，沪深 300 指数上涨了 8.7%，大概超过一半的主动型管理基金跑赢了沪深 300 指数。

2016 年是熊市年份，沪深 300 指数跌了 11.28%，一半左右的主动型管理基金跑赢了沪深 300 指数。

因此从 2015—2017 年这 3 年来看，主动型管理基金总体上要优于被动型指数基金。如果把时间拉长，比如从 10 年、20 年来看，如表 2-1 所示，主动型管理基金的收益率普遍要高于沪深 300 指数和全部的被动型指数，基金平均收益率。通俗地讲，在中国投资主动型管理基金的投资回报率要高于投资被动型指数基金。

但是，在美国的主动型管理基金就没有那么容易能跑赢被动型指数基金了。根据标普公司的统计，过去 5 年，90% 以上的股票基金都落后于相应的指数。也就是说，这些基金经理收取了 1.5% 的基金管理费，还不如投资者直接买指数基金收益率高！还有一项研究表明，1984—2006 年间，美国的主动型管理基金的年均收益率要比标普 500 指数基金收益率低 0.81%，最近十几年每年只有大概 30% 的主动型基金跑赢指数。

是什么造成了中国的主动型管理基金看起来比美国要好呢？主要原因是因为美国市场的有效性，让大多数基金经理很难跑赢指数，但是中国投资者 80% 都是散户，市场还并没有那么有效，且时常偏离基本面。同时，又由于 A 股牛短熊长和市场信息不透明等，有能力的基金经理有很大的主动管理空间。

虽然说主动型管理基金总体上表现比被动型指数基金好，但是挑选基金又成了一个难题。根据万得数据统计，2011 年，297 只公募股票型基金中表现最好的前 20 名基金，仅有 2 只基金在下一年表现尚可，有 5 只基金甚至落到 200 名以下；而到了 2013 年，这 20 只基金竟然有 13 只跌落到 200 名以下。这种情况不仅出现在 2011 年，在之后 2011—2017 年的万得数据中，我们都可以找到类似的规律——前一年表现好的基金，在之后两年大多都表现得比较差。表 2-2 是 2011—2015 年间排名前 20 基金的业绩持续度统计。

表 2-2　2011—2015 年间排名前 20 基金的业绩持续度统计

年份	基金总数	排名前 20 的基金在下一年还能排名前 20 的数量	排名前 20 的基金在下一年排名倒数 20% 的数量	排名前 20 的基金在第 3 年排名倒数 20% 的数量
2011	297	2	5	13
2012	349	2	8	4
2013	393	1	15	11
2014	421	1	12	10
2015	442	0	9	11

在 A 股排名靠前的主动管理基金业绩很难维持的原因是，A 股每年的投资风格都会变换，比如 2014 年科技板涨势比较好，2015 年又

变换到各种题材投机板块，但是到了 2016 年风格又变换到了消费白马股，这样就会导致基金经理如果要得到好成绩，就要不停地变换自己的投资风格，今年赌对了行业板块可能就排名靠前，赌错了就排名靠后。因此在 A 股，不仅仅是散户，就连公募基金都无法坚持一种长期的投资风格，公募基金本质上就是在追涨杀跌，和一般的散户无异，很难长期战胜市场。2005—2017 年，A 股主动管理基金中更换基金经理的比例呈逐年上升趋势，如图 2-5 所示。

另外，从统计上来看，主动型管理基金的基金经理也更换得越来越频繁。以 2005 年到 2017 年的 A 股主动型管理基金经理更换比例和数量来看，基本呈现逐年递增的趋势。这也是造成 A 股主动管理基金业绩不稳定以及一般投资者难以判断挑选主动型管理基金的原因。

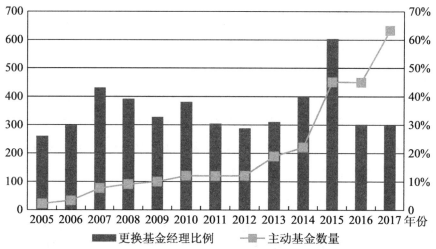

图 2-5　2005—2017 年 A 股主动管理基金中更换基金经理的比例呈逐年上升趋势

因此，总体而言，虽然看起来在 A 股买主动型管理基金要比买被动型指数基金好，但是，要挑选一个能跑赢指数的基金，也是一件很困难的事情。

2.4　挑选长期股票组合的方法

　　A 股主动型基金挑选起来十分重要和困难。那么，我们应该如何判断一个基金采用的选股组合策略是好是坏呢？到底是追踪热点的投资风格在 A 股吃香呢，还是价值型的风格在 A 股吃香呢？

　　申银万国从 1999 年开始陆续推出针对 A 股的各种"风格指数"，目的是要把不同的选股组合策略放在一起，追踪它们的表现。简单地说，比如你认为在 A 股追新股的策略是有效的（股市上其实不少的人这样认为），那么申银万国制定的新股指数就定在一定的时间内，买入 10 只新股的组合，按每只 10% 的权重，在有更多新股发行的情况下，陆续换入 10 只新股，最后统计这 10 只新股每天的最终收盘价，从 1 000 点作为基准点开始，这样年复一年，就可以形成一个追踪新股的指数。图 2-6 为申万风格指数。

申万指数 >> 指数发布 >> 风格指数实时行情

指数代码	指数名称	昨收盘	今开盘	成交额（百万元）	最高价	最低价	最新价	成交量（百万股）
801811	大盘指数	2 661.83	2 637.78	61 711.04	2 652.30	2 623.04	2 631.17	4 865.35
801812	中盘指数	2 849.26	2 829.16	42 531.81	2 841.83	2 812.00	2 819.02	4 621.54
801813	小盘指数	3 239.06	3 217.44	51 348.16	3 226.37	3 193.54	3 201.82	7 218.63
801821	高市盈率指数	658.73	654.11	18 683.61	656.29	648.76	650.62	1 573.36
801822	中市盈率指数	2 070.69	2 053.74	19 955.42	2 070.22	2 047.60	2 052.08	2 244.93
801823	低市盈率指数	6 197.82	6·154.66	34 667.11	6 172.55	6 107.83	6 126.90	3 946.00
801831	高市净率指数	1 002.88	990.61	32 292.73	999.98	987.40	991.12	1 381.01
801832	中市净率指数	2 720.49	2 701.50	17 342.81	2 710.17	2 678.63	2 686.88	2 516.57
801833	低市净率指数	5 556.06	5 519.59	19 824.91	5 541.30	5 494.72	5 510.39	3 898.50
801841	高价股指数	2 274.72	2 249.70	46·959.78	2 262.99	2 234.70	2 243.81	1 277.44
801842	中价股指数	2 504.62	2 489.73	17 417.71	2 500.95	2 478.08	2 487.62	2 179.38
801843	低价股指数	7 410.69	7 359.95	13 082.22	7 372.69	7 299.57	7 317.25	4 651.53
801851	亏损股指数	2 129.29	2 102.52	21 273.27	2 111.34	2 088.97	2 097.14	3 546.49
801852	微利股指数	1 826.78	1 803.68	6 835.71	1 807.31	1 787.58	1 794.05	1 040.73
801853	绩优股指数	4 928.76	4 870.74	20 222.29	4 902.85	4 822.02	4 843.79	952.13
801863	新股指数	3 239.34	3 213.84	11 519.61	3 226.72	3 186.62	3 204.31	649.38

图 2-6　申万风格指数一览

　　下面，我们来介绍其中几个比较重要的指数及其效果，目的是为读者说明哪些选股策略在 A 股是有效的，哪些是无效的甚至是"投资陷阱"。

2.4.1　申万活跃股指数

这是一个非常有意思的组合，虽然申万已经停止更新并把他们的数据删除，但由于很能说明我们 A 股投资者的误区，因此我们不得不又把这个数据给挖出来。

因为 A 股充满着投机的色彩，很多人认为 A 股可以通过追涨杀跌、快进快出的方式来盈利，各种"K 线股神""涨停敢死队"的神话在 A 股散户中不停地流传。申万活跃股指数就给了这些相信 A 股神话的人一个"见证奇迹"的机会，该指数从 1999 年开始，每周选取换手频率前 100 家的上市公司，给每家公司 1% 的权重，形成投资组合，维持一周去计算下周该组合的涨跌幅，下一周通过同样的方式再次轮换 100 只股票再统计收益。

大家猜一猜，通过如此数据分析出来的热点组合股票组合，如果你在 1999 年投入了 1 万元，到了 18 年后，收益率是多少呢？

100 元！

对，你并没有看错，是 100 元，不是 100 万元。也就是说，这个组合的跌幅是 99%！申银万国在 2017 年 1 月 20 日收盘后，公布这个指数不再更新，并且从网站上删除，可见这个指数跌得连他自己都不好意思再更新了。图 2-7 为申万活跃股指数累计收益率走势图。

虽然这个指数已经消失了，但是这个指数的意义请读者一定要作为教训记住，在 A 股追求热门股票，就等同于把钱扔进大海！

图 2-7　申万活跃股指数累计收益率走势截图

　　为了更好地证明频繁交易、追热点对投资的负面效应，有好事的投资机构自己编撰了一个与申万活跃股指数的反向指数——"懒人指数"。和申万活跃指数专门挑选市场上活跃的股票组合不同，懒人指数专门选取市场上交易活跃度最低的 50 ～ 100 只股票进行持股，并且每月组合更新一次。图 2-8 为活跃股指数和懒人指数 10 年收益率对比。

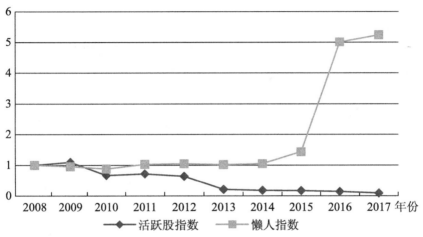

图 2-8　活跃股指数和懒人指数 10 年收益率对比

　　10 年下来，如图 2-8 所示，追踪市场热点的活跃指数亏损了 90% 以上，而恰恰是选择市场上交易活跃度低的懒人指数，最终的收益率却达到了 524%。这两个极端的指数对比说明，盲目地追涨杀跌，频繁追逐市场热点，反而会降低长期投资的收益率。短期的股价走势更多的是市场参与者博弈的结果，受太多非理性因素的影响，因而没有人可以做出精确判断。频繁交易的标的通常是短期内被集中炒作赚钱效应较强的股票，在股价攀高的过程中势必会吸引越来越多的人跟风。这样的热点股票虽然短期内股价可能会上行，但是一旦出现风吹草动，交易就会发生"踩踏事件"。投资者如果对价格和价值没有正确的认知，盲目追涨杀入，那么在股票价格向价值回归的过程中，很容易造成亏损。

活跃股指数和懒人指数两个长期追踪的收益率差异，充分说明投资者必须要有定力，需要有长期投资、价值投资的心态，才有可能在股市上立足。

2.4.2　申万低价股指数

该指数从 1999 年 12 月 31 日开始，以 1 000 点为基数，以价格最低的 200 只股票作为这个指数的成份股，每个季度按该季度最低的股票轮换上个季度的成份股，并持有到该季度结束。很有意思的是，该指数是所有申万风格指数中表现最好的，到 2019 年，该指数已经超过 7 000 点。也就是说，该指数在不到 20 年的时间里翻了超过 7 倍。最高时，该指数在 2015 年牛市中超过了 14 000 点，也就是涨了 13 倍。图 2-9 为申万低价股指数累计走势图。

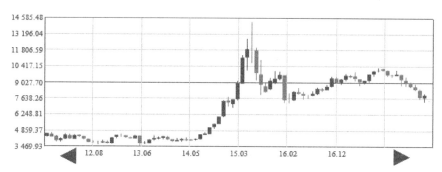

图 2-9　申万低价股指数累计走势截图

为什么低价股策略在 A 股有如此好的效果呢？原因是 A 股的退市制度不完善，很多时候垃圾公司会通过重组的方式重新变成优质公司，并由散户跟风进行炒作。可以想象，低价股这种策略如果应用在港股、美股这些市场化比较高的市场中，那么多年下来净值只会赔得一塌糊涂，原因是这些市场有完善的退市制度，如果选取低价股组合，那么很可能选出来的是一些接近于退市的"仙股"。因此可以说，这些有效的低价股策略只适用于 A 股，并且未来是否能继续适用，可能还要取决于政策的变化，因为毕竟最近已经有股票陆续开始退市。表 2-3

是未来有退市风险的个股名单。

表 2-3　未来有退市风险的个股名单

证券代码	证券简称	2017 年净利 （亿元）	2018 年净利 （亿元）	2019 年年报 业绩预告
300104	乐视网	-138.78	-40.96	续亏
000939	*ST 凯迪	-23.81	-48.1	续亏
300090	盛运环保	-13.18	-31.13	续亏
000792	*ST 盐湖	-41.59	-34.47	续亏
300216	千山药机	-3.24	-24.66	续亏
002604	*ST 龙力	-34.83	-28.05	续亏
600074	*ST 保千	-77.32	-16.89	续亏
600396	*ST 金山	-8.96	-7.29	续亏
300071	华谊嘉信	-2.77	-7.69	续亏
600652	*ST 游久	-4.22	-9.05	续亏
600421	*ST 仰帆	-0.08	-0.09	续亏

　　但是申万低价股指数也从侧面证明了低价策略在 A 股的有效性，可以作为我们投资的一种指导方案。

2.4.3　申万低市盈率指数

　　该指数从 1999 年 12 月 31 日开始，以 1 000 点为基数，以市盈率最低的 200 只股票作为这个指数的成份股，半年调整一次，每半年该最低市盈率的股票轮换前半年的成份股，并持有半年。到 2019 年，该指数在 6 000 点左右，是申万所有风格指数中第二好的成绩，仅次于低价股策略。也就是说，在 A 股买入低市盈率的股票组合是能跑赢指数的，一般人所理解的价值投资在 A 股也是有效的。图 2-10 为申万低市盈率指数累计走势图。

　　低市盈率指数的优秀表现，充分证明了选择低市盈率组合能跑赢大盘。我们的神奇公式采用的两个参数之一就是低市盈率指数，因此最终被证明该指数是能帮助神奇公式挑选出有效的股票组合的。

图 2-10　申万低市盈率指数累计走势截图

2.4.4　申万低市净率指数

该指数从 1999 年 12 月 31 日开始，以 1 000 点为基数，以市净率最低的 200 只股票作为这个指数的成份股，半年调整一次，每半年该最低市净率的股票轮换前半年的成份股，并持有半年。低市净率指数到 2019 年在 5 000 点左右，也大致说明该策略翻了 5 倍，能跑赢指数。图 2-11 为申万低市净率指数累计走势图。

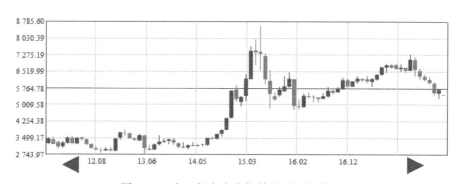

图 2-11　申万低市净率指数累计走势截图

2.4.5　申万绩优股指数

该指数以 ROE（净资产收益率）作为评判公司业绩的指标，由高到低排名，排名前 100 只股票作为绩优股指数成份股，每年 5 月和 9 月按同样的指标调整一次成份股。最终该指标净值不到 5 000 点，也大致能跑赢指数，证明该指数在 A 股是有效的。图 2-12 为申万绩优股指数累计走势图。

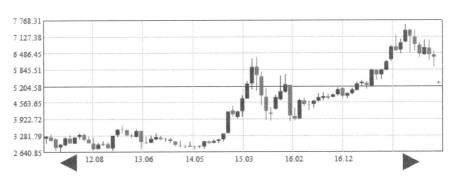

图 2-12　申万绩优股指数累计走势截图

通过 ROE 等参数来评判一家公司是否"绩优"，也是神奇公式的两个重要参数之一。我们通过申万绩优股指数的表现可以证明，通过持有绩优股组合是在 A 股能跑赢指数的，因此可以坚定我们对神奇公式在 A 股的应用信心。

2.4.6　申万风格指数的总结

申万风格指数现在一共有 17 个指数（如图 2-13 所示），从该指数的编撰和长期走势观察可以发现，对于主动管理的买卖 A 股方法中，如果长期坚持采用选择 A 股中的价格比较低的股票、市盈率比较低的股票、市净率比较低的股票，还有绩优股的话，那么长期跑赢 A 股指数的概率将非常大。但是相反，如果选股风格是追踪热点，找市盈率比较高的科技股，或者买入业绩差的题材股，那么可以肯定，长期的收益率一定跑不赢指数，甚至会有很大幅度的亏损。

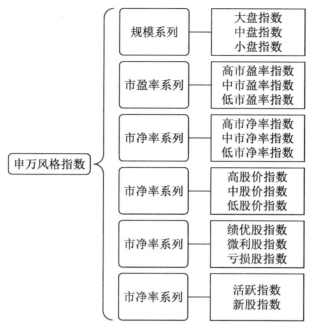

图 2-13　申万风格指数系列与分支

　　在第 1 章我们提到过，乔尔·格林布拉特的神奇公式本质就要是选取股市中的"质优价低"股票，从本节我们分析各种申万风格指数的结论可知，低市盈率和绩优股的投资组合策略在 A 股投资中是长期有效的，并很有可能跑赢指数，因此也从侧面证明了神奇公式在 A 股的实用性。我们可以利用这种被验证过的实用性，让一般的、无专业知识的投资者，跑赢大盘甚至跑赢专业的投资机构、经济专家、金融学者。

2.5　神奇公式 25 年 A 股数据回测

　　抱着对神奇公式在 A 股应用效果的好奇心态，我们大概从 2014 年开始研究神奇公式在 A 股的实际效果，主要采用的办法是数据回测和实操验证。为了回测神奇公式的效果，我们找到了 A 股从 1995 年开始到 2019 年的数据，每年通过神奇公式的选股方法选出 20 只股票，每年换一次，并计算收益率。

同时，我们还在各种证券信息平台上建立了神奇公式的模拟交易账户，通过实时的数据验证神奇公式的实操效果。

2.5.1　神奇公式 25 年数据回测结果

经过我们对 A 股的数据回测，神奇公式的效果让人非常惊讶：从 1995 年到 2019 年的 25 年时间里，如果有人在 1995 年投入 1 万元，到 2019 年，大家猜猜将变成多少钱？

268.1 万元！

没错，你并没有看错，如果你能坚持使用神奇公式来投资的话，25 年的投资收益率将是 268.1 倍，平均年收益率将超过 25%！也就是说，神奇公式不仅在 A 股有效，而且比在美股的效果还好。表 2-4 就是神奇公式在 A 股近 25 年的收益率情况，我们还与上证指数的年度涨幅进行了相应的对比。

表 2-4　神奇公式在 A 股应用 25 年的收益率与上证指数对比

年份	1995	1996	1997	1998	1999	2000	2001
神奇公式	2.84%	277.05%	67.33%	4.51%	16.66%	60.47%	−22.93%
上证指数	−13.66%	66.18%	31.29%	−4.67%	19.58%	51.83%	−20.90%
年份	2002	2003	2004	2005	2006	2007	2008
神奇公式	−4.32%	27.58%	−18.47%	−19.79%	110.10%	267.54%	−60.21%
上证指数	−18.02%	10.76%	−15.55%	−7.70%	134.57%	93%	−64.88%
年份	2009	2010	2011	2012	2013	2014	2015
神奇公式	122.20%	35.51%	−26.20%	71.91%	6.90%	60.68%	43.51%
上证指数	79.98%	−14.31%	−21.68%	3.17%	−6.75%	52.87%	9.41%

续表 2-4

年份	2016	2017	2018	2019
神奇公式	5.45%	26.85%	-30.86%	19.84%
上证指数	-12.31%	6.56%	-21.33%	20.34%

	总收益	年化收益率
神奇公式	26 811.84%	25.06%
上证指数	499.11%	6.64%

　　我们再来对比神奇公式和上证指数的收益率曲线。可以从图 2-14 中看出，神奇公式与上证指数有很强的相关性。也就是说，在牛市的时候，神奇公式和上证指数都在涨，比如在 1996 年、2000 年、2006 年、2007 年、2009 年、2014 年，两个指数都有较大的涨幅；而在巨幅震荡的年份，也就是我们俗称的熊市，比如 2001 年、2004 年、2008 年、2011 年、2018 年，神奇公式和上证指数都有较大幅度的回撤。

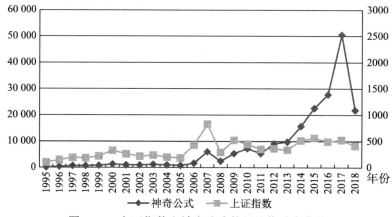

图 2-14　上证指数和神奇公式的累计收益率曲线

　　那么为什么神奇公式可以大幅度地跑赢上证指数呢？我们仔细比对表 2-4 中的数据可以发现，神奇公式在牛市的年份收益率明显要高于上证指数的涨幅。比如在 1996 年，上证指数年涨幅为 66.18%，而神奇公式在当年涨了 277.05%。神奇公式的 "神奇表现" 还出现在 2000 年、2006 年、2007 年、2009 年、2014 年这几个牛市年份；而在熊市年份，神奇公式的表现基本能和上证指数持平或者略优。

从 A 股 25 年的数据中，我们可以得出结论，神奇公式选择 "质优价低" 的公司进行投资，从长期来看是有效的，可以在牛市中获取超额收益，同样在熊市中抗跌。

关于神奇公式在 A 股牛市和熊市中的表现，我们将在第 3 章和第 4 章详细论述。

2.5.2　神奇公式 25 年数据简析

我们分析了从 1995 年开始到 2019 年神奇公式选股的平均 PE（市盈率），如图 2-15 所示。可以看到，有几年 PE 接近或者超过了我们选股的 PE（市盈率）小于 20 的要求，说明这几个年份按照神奇公式选股已经非常困难，需要放宽一些选股标准。如 1998 年、2001 年、2008 年和 2016 年，满足神奇公式要求的 PE 小于 20 的公司已经不足 20 个，选股困难恰恰说明，整体股市已经估值过高，市场有较高的风险。

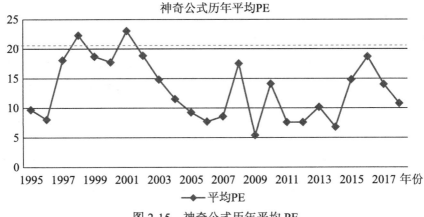

图 2-15　神奇公式历年平均 PE

神奇公式平均 PE 较低的年份，说明股市整体的估值较低，有足够多的公司满足神奇公式的条件，比如 1996 年、2006 年、2009 年、2014 年，这几年的整体平均 PE 略大于 5。也就是说，神奇公式在这些年份选取到了质量好、价格很低的股票，长期持有会有较高的投资收益率，这些年份之后的收益率表现也的确证明了了该结论。关于牛市和熊市的神奇公式的详细内容分析，我们会在本书第 3 章和第 4 章论述。

另外，我们还统计了从 1995 年到 2019 年这 25 年间，入选神奇公式的公司行业分布，如图 2-16 所示。

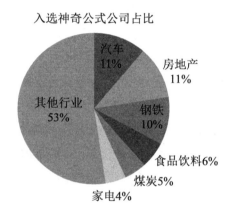

图 2-16　1995—2019 年入选神奇公式的公司所属行业分布

由图 2-16 可知，经常由市场导致的"质优价低"公司集中在汽车行业（11.25%）、房地产行业（11.25%）、钢铁行业（10.21%）、食品饮料行业（5.63%）、煤炭采掘行业（4.79%）、家电行业（4.38%）这六个大类，这六个行业也基本反映了这 25 年间国家高速发展所依靠的大消费和大基建上。这六大行业的公司一方面业绩稳定，另一方面不知为何一直被市场长期低估。

在本书第 3 章和第 4 章，我们将详细地分阶段、分行业研究入选神奇公式的公司组合，也尝试回答这些入选公司业绩高却被低估的原因。

2.5.3　入选神奇公式最多的公司

本小节最后再问大家一个问题，在 1995 年到 2019 年这 25 年间，入选神奇公式最多的公司是哪家？

答案其实有点复杂，如果是单一的、没有经过重组、合并、变更的公司的话，这家公司是五粮液，一共入选了 6 次。但是武钢股份、杭钢股份、韶钢松山、宝钢股份这几个国有钢铁厂经过了多次合并重组，如果把武钢的 6 次、杭钢的 4 次、韶钢的 3 次、宝钢的 3 次加在一起的话，那么入选神奇公式最多的公司应该是 2016 年合并成立的宝武集团。

如果从近 25 年长期价值投资的角度来看，五粮液当然比这几个国有钢铁集团要优质。国有钢铁厂的黄金时段是在 2000 年到 2008 年期间，由于国家的大基建导致全国钢铁需求大增，国有钢铁厂业绩多年走红；但是在其后的 10 年，我国基建逐渐进入产能过剩阶段，国有钢铁厂的效益不再；近几年，国家还通过供给侧改革等措施对这些钢铁厂进行合并重组工作。因此，入选神奇公式最多的企业，也不代表其有长期投资价值，因此我们的组合必须要一年一换。

另外，多次入选神奇公式的公司还有格力电器、贵州茅台、泸州老窖、宇通客车这类到今天大家都认为是白马股的优质公司；房地产行业入选的企业占比较高，但是每年入选的房地产企业非常分散，有大量的公司今天已不复存在，说明我国房地产行业的集中度有待提升并且风险较大。

关于入选神奇公式企业的分析，我们将在本书第 3 章和第 4 章中详细论述。

2.6　神奇公式在 A 股中的选股方式

相信读者看到本章 2.5 神奇公式的神奇收益率，应该会很好奇，到底这个公式是如何进行投资操作的。

以下是神奇公式的选股方法，分为 6 个步骤。

第一步：

找出市值大于 30 亿元的 A 股股票作为股票池 1。

第二步：

在股票池 1 中找出投资回报率大于 20% 的股票作为股票池 2。

在股票池 2 中找出市盈率小于 20 的股票作为股票池 3。

第三步：

在股票池 3 中，找出 20 只你觉得最好的股票。

第四步：

记住你找出的这 20 只股票，打开股票账户按等比例买入，并记下购买的日期，然后把股票账户关掉不要看。

第五步：

等到下一年的今天，卖出所有的股票，重复以上步骤，再买入新的 20 只股票，再等一年。

第六步：

每年重复以上步骤，切记要坚持，并在 5 年后，准备好给我写感谢信。

看吧，整个神奇公式的操作方式一点也不复杂，最困难的地方在于这个方法要一直坚持下去。即便经历题材股牛市、股灾、慢熊，你都必须一直坚持下去！

一直坚持下去！

一直坚持下去！

重要的事情说三遍。

本 章 小 结

本章试图用各种实例和数据逐步向读者证明以下几个在 A 股投资的事实。

（1）A 股的长期投资收益率是有保证的，且长期投资收益率和美股接近，在 7% ～ 9%，因此 A 股是可以长期投资的；

（2）不管在美股还是 A 股，散户投资赚钱的比例不超过 5%，因此不要认为你长期投资 A 股就一定能赚钱；

（3）大部分情况下，虽然主动型管理基金或者主动管理的策略可以跑赢被动型指数，但是要挑选跑赢指数的主动型管理基金和策略却不容易，因此你需要明白什么投资策略是长期有效的；

（4）从长期看，挑选市盈率低、绩优的股票组合长期持有，是能大幅跑赢指数的，切勿追热点、追题材、追涨杀跌。

以上四个投资事实可以证明神奇公式在 A 股理论上是适用的。我们将神奇公式做了 25 年的 A 股数据回测，回测的结果出乎意料得好，25 年收益率超过 200 倍！

由于该方法既简单又有效，一般的投资者都能学会，因此本书将此方法推荐给大家，只要读者能坚持长期使用，就能跑赢大盘和大部分的投资者、专家。对于如此有效的投资方法，我们有必要通过本书接下来的章节逐步对其进行详细的分析，并尝试对其进行适当的改进，让其算法更适用于 A 股投资。

第3章 ————————

A 股牛市中的神奇
公式

读者通过本书前两章的介绍，已经大致了解了神奇公式的原理，也应该可以认可神奇公式实际上不仅仅在美股中应用效果非常好，而且在我们中国的 A 股中也是适用的。神奇公式在 A 股长期年化收益率超过了 25%，对于普通的投资者特别是散户来说，是一种非常简单且有效的投资方法，不仅优于指数基金的投资收益率，而且省去了挑选主动管理基金的麻烦。

为了让读者更加清楚神奇公式的使用方法，本书将用两章左右的章节，通过分析神奇公式在牛市和熊市中的一些特殊年份，用具体的案例回顾分析神奇公式在这些年份挑选的股票组合及其效果，也希望读者能坚定长期投资的信心。

3.1　回归牛：1996—2000 年

1992 年，邓小平同志到南方视察并发表重要讲话，特别要求南方各省要"改革开放胆子要大一些，敢于试验""发展经济、改善人民生活"。随后，广东等沿海省份掀起了下海热、经商热。各大银行为突破银行信贷瓶颈，开始了各种金融创新，通过表外资产，突破银行准备金限制，突破监管，释放更大的信贷规模。当年银行基准利率在 9%左右，而通过表外的资金成本基本都在 20% 以上。

在邓小平同志到南方视察并发表重要讲话仅仅一年后，中央就已经感觉到经济过热甚至有些失控的风险，为了防范风险，朱总理在1993 年 8 月火速兼任中国人民银行行长，上任后首要任务就是要控制银行资金流入房地产，特别针对海南省发布了"十六条"。

　　1995 年，各大银行开始成立各种资产管理公司，对于银行表外和坏账资产进行了大量的剥离和打折处理。这一次银行整顿，一直持续到了 2004 年，四大国有银行完成上市和中国加入 WTO（世界贸易组织）才算真正结束。1995—2002 年银行整顿后固定资产投资萎缩，如图 3-1 所示。

图 3-1　1995—2002 年银行整顿后固定资产投资萎缩

　　虽然这轮经济调整从 1995 年开始一直持续了 10 年，中国股市却没有跟随中国经济的调整，股市在经历了 1995 年的颓势之后，到 1996 年走出了一整年的单边牛市。上证指数 1996 年内最低 512 点一直涨到了年末最高的 1 258 点。而且，1996 年仅仅是接下来 6 年慢牛中的其中一年，自 1996 年 512 点开始，这轮慢牛一直涨到了 2001 年 6 月 2 245 点，期间还经历了 1997 年香港回归和 1998 年亚洲金融危机，虽然慢牛曾被亚洲金融危机及证监会监管打压中断过，但是最终这轮慢牛让上证指数一路高歌地翻了 4 倍，如图 3-2 所示。

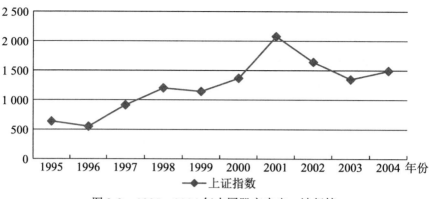

图 3-2　1995—2004 年中国股市走出一波行情

3.1.1　回归牛一阶段：1996 年

1996 年我们的神奇公式获得了 277% 的收益率，大大超越了上证指数的涨幅。1996 年，我们用资产回报率大于 10 和市盈率小于 20 作为参数，一共选出了 46 只符合条件的上市公司股票。具体清单见表3-1。

表 3-1　1996 年资产回报率大于 10、市盈率小于 20 的上市公司清单

股票代码	股票简称	投入资本回报率（%）1995-12-31	市盈率（PE）1995-12-31	所属申万行业
000568.SZ	泸州老窖	33.91	11.32	食品饮料—饮料制造—白酒
000570.SZ	苏常柴 A	33.60	6.54	机械设备—通用机械—内燃机
600854.SH	春兰股份	29.73	6.87	家用电器—白色家电—空调
600839.SH	四川长虹	26.33	3.33	家用电器—视听器材—彩电
600867.SH	通化东宝	24.25	8.39	医药生物—生物制品Ⅱ—生物制品Ⅲ
600640.SH	号百控股	21.74	16.26	休闲服务—旅游综合Ⅱ—旅游综合Ⅲ
000026.SZ	飞亚达 A	20.48	9.43	轻工制造—家用轻工—珠宝首饰
600877.SH	中国嘉陵	19.73	8.37	汽车—其他交运设备—其他交运设备

续表

股票代码	股票简称	投入资本回报率（%）1995-12-31	市盈率（PE）1995-12-31	所属申万行业
600643.SH	爱建股份	18.54	9.89	非银金融—多元金融—多元金融
000042.SZ	中洲控股	18.40	7.00	房地产—房地产开发Ⅱ—房地产开发Ⅲ
000543.SZ	皖能电力	17.72	7.94	公用事业—电力—火电
600819.SH	耀皮玻璃	17.54	14.49	建筑材料—玻璃制造—玻璃制造
000541.SZ	佛山照明	16.93	7.43	电子—其他电子—其他电子
600698.SH	湖南天雁	15.77	10.43	汽车—汽车零部件—汽车零部件
600870.SH	厦华电子	15.02	12.30	家用电器—视听器材—彩电
600690.SH	青岛海尔	15.00	8.29	家用电器—白色家电—冰箱
600814.SH	杭州解百	14.97	11.58	商业贸易——般零售—百货
000016.SZ	深康佳 A	14.93	5.08	家用电器—视听器材—彩电
600684.SH	珠江实业	13.79	12.67	房地产—房地产开发Ⅱ—房地产开发Ⅲ
600881.SH	亚泰集团	13.74	12.47	建筑材料—水泥制造—水泥制造
000559.SZ	万向钱潮	13.61	17.28	汽车—汽车零部件—汽车零部件
000021.SZ	深科技	13.54	6.85	计算机—计算机设备—计算机设备
600694.SH	大商股份	13.12	11.20	商业贸易——般零售—多业态零售
600868.SH	梅雁吉祥	12.91	11.32	公用事业—电力—水电
600693.SH	东百集团	12.79	16.36	商业贸易——般零售—百货
600821.SH	津劝业	12.67	12.42	商业贸易——般零售—百货
600812.SH	华北制药	12.52	9.66	医药生物—化学制药—化学原料药
600828.SH	成商集团	12.43	16.93	商业贸易——般零售—百货
000539.SZ	粤电力 A	12.27	8.48	公用事业—电力—火电
000571.SZ	新大洲 A	11.69	9.40	采掘—煤炭开采Ⅱ—煤炭开采Ⅲ

续表

股票代码	股票简称	投入资本回报率（%）1995-12-31	市盈率（PE）1995-12-31	所属申万行业
000022.SZ	深赤湾A	11.63	12.56	交通运输—港口Ⅱ—港口Ⅲ
000039.SZ	中集集团	11.47	10.68	机械设备—金属制品—金属制品
000524.SZ	东方宾馆	11.46	8.81	休闲服务—酒店Ⅱ—酒店Ⅲ
600612.SH	老凤祥	11.39	19.43	轻工制造—家用轻工—珠宝首饰
600880.SH	博瑞传播	11.38	17.55	传媒—文化传媒—平面媒体
000521.SZ	美菱电器	11.29	7.35	家用电器—白色家电—冰箱
600844.SH	丹化科技	11.05	19.35	化工—化学制品—其他化学制品
600861.SH	北京城乡	10.98	10.43	商业贸易—一般零售—百货
600800.SH	天津磁卡	10.90	12.92	电子—其他电子—其他电子
600835.SH	上海机电	10.89	16.61	机械设备—专用设备—楼宇设备
600876.SH	洛阳玻璃	10.68	19.89	建筑材料—玻璃制造—玻璃制造
600642.SH	申能股份	10.55	18.83	公用事业—电力—火电
000024.SZ	招商地产	10.34	12.12	房地产—房地产开发Ⅱ—房地产开发Ⅲ
600865.SH	百大集团	10.29	13.70	商业贸易—商业物业经营—一般物业经营
600668.SH	尖峰集团	10.23	19.57	建筑材料—水泥制造—水泥制造
000020.SZ	深华发A	10.04	12.38	电子—电子制造—电子系统组装

可以这么说，在经历了1995年中央对银行的整治后，这46家上市公司依然保持了比较高的投资回报率和较低的股价，符合我们神奇公式的选股标准。我们把这46家公司分行业进行统计，如表3-2所示。

表 3-2　1996 年符合选股标准的 46 家企业行业分类

行　业	企业数量	年末相对于年初股价涨幅		
商贸	7	120%		
家电	6	278%		
建筑	4	36%		
公用	4	232%		
汽车	3	238%		
房地产	3	154%		
机械	3	112%		
电子	3	291%		
其他	13	224%	神奇公式涨幅	277.05%
总数	46	193%	上证涨幅	66.18%

　　我们大致统计了一下满足神奇公式的公司行业，主要集中在商贸、家电、建筑、房地产、汽车等行业，如图 3-3 所示。1996 年中国还处于物质水平尚未过剩阶段，人民生活还需要"八大件"来满足，因此这些行业所对应的龙头公司实际上拥有非常好的投资回报率。

图 3-3　神奇公式 1996 年候选企业行业占比

　　在这 46 家企业中，我们选择了投资回报率最高且股价最低的 20 家公司作为 1996 年神奇公式的股票组合。具体清单如表 3-3 所示。

表 3-3　1996 年神奇公式组合清单

代　　码	股 票 名 称	代　　码	股 票 名 称
000568.SZ	泸州老窖	000541.SZ	佛山照明
000570.SZ	苏常柴 A	600698.SH	湖南天雁
600854.SH	春兰股份	600690.SH	青岛海尔
600839.SH	四川长虹	000016.SZ	深康佳 A
600867.SH	通化东宝	000021.SZ	深科技
000026.SZ	飞亚达 A	600812.SH	华北制药
600877.SH	中国嘉陵	000539.SZ	粤电力 A
600643.SH	爱建股份	000571.SZ	新大洲 A
000042.SZ	中洲控股	000524.SZ	东方宾馆
000543.SZ	皖能电力	000521.SZ	美菱电器

为解释神奇公式当年选择这些行业和企业的原因，我们来回顾一下 1996 年牛市的几个政策背景。

（1）证监会下重手规范证券市场：1996 年证监会大力打击违规上市公司，连续处罚中山火炬、石油大明、渤海集团、浙江凤凰等公司，认定四川广华向外商转让国家股违规，严肃查处海通、深发展违规行为；要求公司配股必须符合八个基本条件，禁止股票发行中的不当行为。

（2）央行几次降准降息：央行在 1996 年 5 月和 8 月两次大幅度的降息为股市提供了资金面的支持，并且在随后的 5 年内，连续 6 次下调准备金率。

（3）证监会降低交易税费：1996 年 4 月证监会要求上交所调低 7 种不合理的证券交易费用，9 月上交所开始下调佣金。

20 世纪 90 年代初，持续高通胀、高利率，让经济处于转轨的道路之中。一直到 1996 年，通胀得以抑制，央行开始降息，中央也希望发展证券市场，因此证监会在 1996 年连续出台证券监管措施，降低交易税费，为 1996 年的牛市打下了基础。

另外，从国家战略层面，国家从 1996 年开始重点开发中西部地区，在中西部地区陆续设立了 22 家国家级经济技术开发区和产业开发区，国债资金重点支持中西部地区基础设施建设，包括各种中西部铁路、机场、公路、通信，并推进西电东送、西气东输工程。因此一批基建、公用事业、房地产企业成为当年投资回报率较高的行业。

好景不长，1996 年股市从 512 点一路上涨到 1 258 点后，中央开始感觉到股市过热带来的风险。从 7 月开始，监管开始出手"打压"股市，尤其是 10 月之后，监管层陆续发表《关于规范上市公司行为若干问题的通知》《证券交易所管理办法》《关于坚决制止股票发行中透支行为的通知》等文件，这就是著名的"十二道金牌"。直到 12 月 16 日，沪深两市恢复涨跌幅 10% 的规定当日，除了某新股上市上涨 139% 外，当天所有 610 只股票和基金全部跌停，第二天又是全线跌停。1996 年 12 月 16 日和 17 日创造了中国股市的一个历史，即所有的股票同时连续跌停两天。虽然 1996 年牛市在被监管层打压下年底暂时结束，但正如前文所述，这一轮牛市在经历了 1996 年监管层打压和 1998 年金融危机的短暂调整后，最终一路高歌猛进，直到 2001 年才真正结束。

1996 年除了著名的"十二道金牌"，12 月连续跌停的两日之外，还出现了 1996 年著名的十大牛股。它们的名字和涨幅如表 3-4 所示。

表 3-4　1996 年十大牛股及被神奇公式选中的牛股

代　码	股票名称	年度涨幅	代　码	股票名称	年度涨幅
000551	苏物贸	727%	000001	深发展	430%
000571	新大洲	569%	000034	深华宝	410%
000031	深宝恒	544%	000514	渝发展	398%
000046	南油物业	526%	600839	四川长虹	377%
000021	深科技	503%	000530	大冷股份	362%
十大牛股平均涨幅		485.22%			
神奇公式涨幅		277.05%			

可以看到当年十大牛股基本都与国家中西部开发和基建密切相关，而且十大牛股的平均涨幅达到了 485%，收益率远远超过了我们的神奇公式中选出来的公司。惊喜的是，我们的神奇公式，也成功选

出了当年十大牛股中的新大洲（000571）、深科技（000021）、四川长虹（6000839）三只股票。可以说，1996 年通过神奇公式选出的股票组合是非常有效的。

3.1.2 回归牛二阶段：1999 年

在经历了 1997 年亚洲金融危机后，1998 年我国第一批规范化的封闭式基金成立，标志着中国基金业进入全面建立和发展阶段。1999 年 5 月，在席卷中国的网络科技股热潮的带动下，中国股市走出了一波凌厉的大飙升走势，在不到两个月的时间里，上证综指从 1 100 点以下开始，最高涨到 1 725 点，涨幅超过 50%，期间涌现出无数网络新贵，而其中的龙头亿安科技（已退市）年度涨幅超过了 400%，海虹控股（000505）、四川湖山（000801）等的股价更是被炒到了一个非理性的高度。以海虹控股为例，在 1999 年 5 月 19 日至 8 月 6 日经历了上涨的首次高潮，3 个月内从 11.2 元涨至 23 元，累计涨幅 93.97%；2000 年年初至 3 月 16 日，该股再度井喷式飙升，3 个月内从 18.7 元涨至 82.78 元的最高价，累计涨幅高达 299.84%。次年春节，沪深股市在充分消化此次行情的获利筹码之后重拾升势，上证综指不断创出历史新高，并于 2001 年 6 月 14 日达到最高点 2 245.44 点，持续长达两年的大牛市，随后随着美国纳斯达克科技网络股市泡沫的破裂，A 股便展开了长达 4 年的熊市之旅。

由于此轮行情的起始日为 1999 年 5 月 19 日，因此此轮行情被称为"519 行情"。而这轮"519 行情"的主要政策背景，是国家为应对经济下行做出的各种稳增长措施，包括振兴中西部战略和各种基建，在 1999 年前后的确起到了稳定 GDP（国内生产总值）增长和保就业、扩内需的作用，如图 3-4 所示。

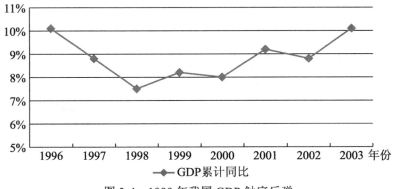

图 3-4 1999 年我国 GDP 触底反弹

我们来看看神奇公式在 1999 年 "519 行情" 启动到 2000 年行情高峰的表现情况，如表 3-5 所示。

表 3-5 神奇公式和上证指数 1999 年和 2000 年收益率比较

年 收 益 率	1999 年	2000 年	年 化 平 均
神奇公式	16.66%	60.47%	47.78%
上证指数	19.58%	51.83%	47.35%

总体来说，1999 年和 2000 年如果采用神奇公式选股的话，和上证指数的走势基本一致，原因是神奇公式在这两年的持股主要为化工、汽车、钢铁、电力能源行业，基本为当年的蓝筹股。如表 3-6 和表 3-7 所示。而当时这两年的十大牛股中，的确出现了多只化工、电力能源牛股，比如 1999 年沧州化工（600722）年度涨幅为 229%，郑州煤电（600121）年度涨幅为 121%；2000 年泰山石油（000552）年度涨幅为 286%。可见采用价值投资方式来选股，在 A 股还是有效的。

表 3-6 1999 年神奇公式组合清单

股 票 代 码	股 票 简 称	股 票 代 码	股 票 简 称
000858.SZ	五粮液	600104.SH	上汽集团
600101.SH	明星电力	600868.SH	梅雁吉祥
600009.SH	上海机场	000539.SZ	粤电力 A

续表

股 票 代 码	股 票 简 称	股 票 代 码	股 票 简 称
600736.SH	苏州高新	600839.SH	四川长虹
600075.SH	新疆天业	000036.SZ	华联控股
600642.SH	申能股份	000657.SZ	中钨高新
600096.SH	云天化	000629.SZ	攀钢钒钛
000652.SZ	泰达股份	600156.SH	华升股份
000548.SZ	湖南投资	600698.SH	湖南天雁
600863.SH	内蒙华电	600103.SH	青山纸业

表 3-7　2000 年神奇公式组合清单

股 票 代 码	股 票 简 称	股 票 代 码	股 票 简 称
000858.SZ	五粮液	000659.SZ	珠海中富
000518.SZ	四环生物	000778.SZ	新兴铸管
600742.SH	一汽富维	000541.SZ	佛山照明
000913.SZ	钱江摩托	000779.SZ	三毛集团
600096.SH	云天化	600126.SH	杭钢股份
000637.SZ	茂化实华	600868.SH	梅雁吉祥
000828.SZ	东莞控股	000612.SZ	焦作万方
600006.SH	东风汽车	600005.SH	武钢股份
000539.SZ	粤电力 A	000800.SZ	一汽轿车
600104.SH	上汽集团	000905.SZ	厦门港务

　　需要补充说明的是，在 1999 年、2000 年符合神奇公式选股要求的股票均超过 40 只，之后由于"519"启动后，股票价格普涨，到 2001 年，能满足神奇公式选股要求的股票只有 24 只，已经比较难以选出质优价低的股票。虽然国家在 1999 年对经济进行了稳增长的刺激，工业企业利润在当年有了 20% 的同比增长，但是在短暂刺激之后似乎无法扭转中国企业的经营情况，工业企业利润总额在 1999 年后呈逐年下降的趋势，如图 3-5 所示。

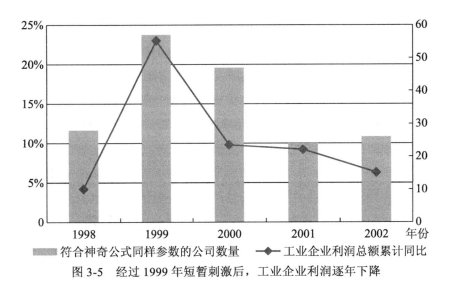

图 3-5　经过 1999 年短暂刺激后，工业企业利润逐年下降

　　中国上市公司的利润无法改善，而"519 行情"又将股市整体市值抬高，整个市场无法选取出足够的投资回报率高而市盈率低的股票，来作为我们神奇公式的候选组合名单，过高的市场估值也直接导致了 2001 年后漫长的熊市。

3.2　蓝筹牛：2005—2007 年

　　2003 年的股市极其惨淡，集各种高大上概念于一身的庄股们崩盘了。曾经著名的中科创业（现名康达尔）、亿安科技（现名神州高铁）、银广夏（现名西部创业）等崩盘时十几个跌停的纪录直到现在恐怕都没被打破。2003 年到 2005 年，之前大量的题材股在之前腰斩之后继续腰斩。成交量极度萎缩，部分公司的股票每天的成交量只有几十万元。沪指从 1 800 点最低跌到 998 点。直接造成了很多人"不怕暴跌，就怕阴跌"的心理阴影。

　　正所谓置之死地而后生。在那样的环境下，大刀阔斧的改革势在必行。2005 年开始的股权分置改革是这波牛市的主要导火索，当时的非流通法人股（限售股）为了获得全流通权利，向流通股东支付股票或者现金，并且承诺一定时间内减持的数目和价格。当时的对价支付比例平均是流通股东将获得 30% 所持股份的赠股，这等于是白送30% 的股东权益。这种白送的股东权益，任何抛压风险的政策一出台，立刻会引起各路资金入场，对各类蓝筹股以及股权分置受益股进行扫货。当时的流通总市值很小，股指被迅速推高。急剧增长的赚钱效应，使居民储蓄不断搬家进入股市。股指不断上行，吸引资金不断入场，从而引爆了长达 2 年多的大牛市，股指从 998 点一直涨到 6 124 点，整整涨到 6 倍多。当时出现了居民通宵排队购买基金的盛况，几百亿元的基金一天就能卖光。

2005 年牛市启动的时候，GDP 累计同比增速从 2005 年的 11.1%升至 2007 年 14.4%，信贷余额增速从 2005 年 5 月低点的 12.4% 回升至 2007 年 12 月的 15.0%，整体的净利润累计同比增速从 2005 年的4.1% 升至 2007 年的 64%。可以这么说，这一轮牛市是一次 A 股整体估值和盈利的"戴维斯双击"行情，如图 3-6 所示。

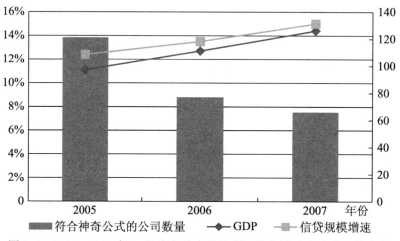

图 3-6 2005—2007 年 A 股牛市是企业盈利和估值同时上升的一轮牛市

如图 3-4 所示，我们在这 3 年同样选取的神奇公式参数条件为资产回报率大于 10，市盈率小于 20，我们可以看到符合条件的公司在2005—2007 年的个数分别为：121 家、77 家、66 家，可以看得出，在 2005 年，符合质优价低标准的公司非常多，当年股市属于遍地黄金的阶段。

本轮牛市分为三个阶段：

牛市一阶段：2005 年 6 月至 2006 年 1 月：由科技等中小股带头，开始普涨行情。

牛市二阶段：2006 年 1 月至 2006 年 12 月：出现二八现象，由金融股领头大涨，带动指数上涨，而中小股反而下跌。

牛市三阶段：2007 年 1 月至 2007 年 10 月：资源股暴涨，连续涨停。

我们一起来看看神奇公式在 2005—2007 年的选股和表现，如表 3-8 所示。

表 3-8　2005—2007 年神奇公式和上证指数收益率对比

年收益率对比	2005 年	2006 年	2007 年
神奇公式	−19.79%	110.10%	267.54%
上证指数	−7.70%	134.57%	93.00%

3.2.1　蓝筹牛一阶段：2005 年

2005 年蓝筹牛已启动阶段，我们再来看看 2005 年质优价低的好公司所属的行业占比，如图 3-7 所示。

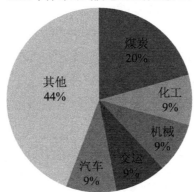

2005年神奇公式候选企业行业占比

图 3-7　2005 年神奇公式候选企业行业占比

从图 3-7 中可以看到，2005 年满足神奇公式的公司中，煤炭、化工、机械行业的占比最高，可以看出这些行业实际上在当年有着很高的投资回报率，但是由于市场偏见不愿意给他们太高的估值。煤炭行业在之后几年才迎来了爆发。

但是由于 2005 年是当年牛市的第一阶段，大部分上涨的股票都是各种中小市值公司和科技股份，因此我们的神奇公式在牛市第一阶段大幅度地跑输上证指数的。2005 年，我们的选股如表 3-9 所示。

表 3-9　2005 年神奇公式组合清单

股票代码	股票简称	股票代码	股票简称
000008.SZ	宝利来	600307.SH	酒钢宏兴
600647.SH	同达创业	600019.SH	宝钢股份
600053.SH	中江地产	600126.SH	杭钢股份
000039.SZ	中集集团	600104.SH	上汽集团
600500.SH	中化国际	000157.SZ	中联重科
001696.SZ	宗申动力	000625.SZ	长安汽车
000933.SZ	神火股份	600808.SH	马钢股份
600005.SH	武钢股份	600688.SH	上海石化
600231.SH	凌钢股份	600581.SH	八一钢铁
600792.SH	云煤能源	000778.SZ	新兴铸管

2005 年的牛股都是些中小市值的股票，比如洪都航空（600316）、航天电器（002025）当年涨了 104%，还有部分科技股也受到了市场的青睐，比如苏宁电器（002024）涨幅 78%，还有部分低价股、ST股也被市场炒作，比如 ST 农化（000950）涨幅 85%。相比于 2005年的这些神股，我们神奇公式所选的股票大部分集中在煤炭、化工、钢铁等传统行业，2005 年的中小市值神股完全不符合神奇公式的选股原则，因此神奇公式在这一年大幅跑输上证指数，也跑输大部分小盘股票，如表 3-10 所示。

表 3-10　神奇公式 2005 年分行业涨幅统计

行　业	2005 年涨幅
煤炭	0.90%
化工	−0.80%

行　　业	2005 年涨幅
机械	4%
交运	0.90%
汽车	−17%
其他	−17.90%
上证指数	−7.7%
神奇公式	−19.79%

3.2.2　蓝筹牛二阶段：2006 年

我们再来看看蓝筹牛二阶段。2006 年是蓝筹股的牛市，金融股带头拉升牛市，中小盘下跌，2006 年上证指数涨了 134.57%，而我们的神奇公式涨幅为 110.10%，稍微跑输了上证指数。2006 年神奇公式的候选公式行业占比如图 3-8 所示。

2006年神奇公式候选企业行业占比

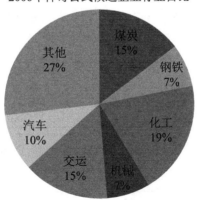

图 3-8　2006 年神奇公式行业占比

从 2006 年神奇公式的候选股中可以看出，2006 年质优（投资回报率高）价低（市盈率低）的公司其实和 2005 年非常类似，基本都以煤炭、钢铁、化工这些工业化的企业为主。我们最终选择的 20 只股票如表 3-11 所示。

表 3-11　2006 年神奇公式组合清单

股 票 代 码	股 票 简 称	股 票 代 码	股 票 简 称
600428.SH	中远航运	600227.SH	赤天化
600875.SH	东方电气	000731.SZ	四川美丰
600026.SH	中海发展	000066.SZ	长城电脑
000039.SZ	中集集团	600971.SH	恒源煤电
600123.SH	兰花科创	000937.SZ	冀中能源
600519.SH	贵州茅台	600362.SH	江西铜业
000933.SZ	神火股份	600418.SH	江淮汽车
600005.SH	武钢股份	600096.SH	云天化
600348.SH	阳泉煤业	000898.SZ	鞍钢股份
600500.SH	中化国际	600019.SH	宝钢股份

2006 年可以说是蓝筹股的天下，除了金融股唱主角外，当年的十大牛股中，包括鹏博士（600804）、驰宏锌锗（600497）等股票涨了5 倍，柳工、东方金钰（600086）、泸州老窖（000568）也都有不俗的表现，我们的神奇公式其实也选中了贵州茅台（600519）、中远航运（600428）、中集集团（000039）这些当年的牛股。神奇公式所选股票所属的行业如表 3-12 所示。

表 3-12　神奇公式 2006 年分行业涨幅统计

行　　业	2006 年涨幅
煤炭	80.90%
钢铁	197.90%
化工	118.40%
机械	191.40%
交运	80.50%
汽车	161.90%
其他	192.50%
上证指数	134.57%
神奇公式	110.10%

3.2.3　蓝筹牛三阶段：2007 年

经过了 2005 年到 2006 年的牛一和牛二阶段，到了 2007 年，虽然质优的公司还是不少，但是价低的公司已经少了很多。由于 2007 年股市的疯狂，散户陆续入市，各种公募基金供不应求，对于质优的蓝筹公司来说，2007 年这些公司的股票受到了新一轮的追捧。2007 年虽然上证指数相对于 2006 年涨幅已经回落到 93%，但是我们的神奇公式表现优异，收益率达到了 267.54%。如果当年用神奇公式来投资的话，你将赚得盆满钵满。图 3-9 是 2007 年神奇公式候选企业行业占比情况。

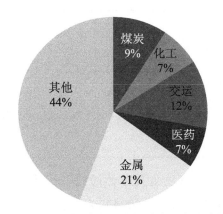

图 3-9　2007 年神奇公式候选企业行业占比

2007 年蓝筹牛三阶段行情的特点就是"煤飞色舞"，即煤炭和有色金属在当年走出了一波大牛行情。我们从投资收益率和市盈率的角度可以看到，2007 年的有色金属、煤炭、化工的确是质优价低的企业。2007 年的"煤飞色舞"的确不是题材炒作，而是有真实的业绩支撑的行情。来看看符合神奇公式选股的几只煤炭、有色金属的投资收益率和市盈率指标。

（1）煤炭。从投资回报率来看，煤炭行业股票收益率较高而市盈率普遍较低，符合神奇公式的选股标准，其中平煤股份（601666）在 2007 年涨幅 326%，属于当年的牛股。整体上入选神奇公式的煤炭股票在 2007 年的平均涨幅为 229.8%，表现相当不错，如表 3-13 所示。

表 3-13　符合神奇公式的 2007 年煤炭股及其涨幅

股票代码	股票简称	投入资本回报率（%）2006-12-31	市盈率（PE）2006-12-31	收盘价 2007-01-01	收盘价 2008-01-01	所属申万行业
601699.SH	潞安环能	27.40	11.71	18.23	65.65	采掘—煤炭开采 II—煤炭开采III
600348.SH	阳泉煤业	21.32	10.13	19.31	59.27	采掘—煤炭开采 II—煤炭开采III
601666.SH	平煤股份	20.18	13.52	11.42	48.75	采掘—煤炭开采 II—煤炭开采III
600123.SH	兰花科创	17.69	14.44	33.91	76.39	采掘—煤炭开采 II—煤炭开采III

（2）有色金属。有色金属总体的投资回报率比煤炭要高，而市盈率更低。2007 年吉恩镍业（600432）涨了 295%，是当年的大牛股。入选神奇公式的有色金属股票在 2007 年涨幅为 198.9%，也可以说是在平均表现之上，如表 3-14 所示。

表 3-14　符合神奇公式的 2007 年有色金属股及其涨幅

股票代码	股票简称	投入资本回报率（%）2006-12-31	市盈率（PE）2006-12-31	收盘价 2007-01-01	收盘价 2008-01-01	所属申万行业
600497.SH	驰宏锌锗	38.20	10.63	79.40	166.48	有色金属—工业金属—铅锌
600362.SH	江西铜业	32.22	7.08	15.26	48.19	有色金属—工业金属—铜

股票代码	股票简称	投入资本回报率（%）2006-12-31	市盈率（PE）2006-12-31	收盘价 2007-01-01	收盘价 2008-01-01	所属申万行业
000060.SZ	中金岭南	23.54	10.40	120.30	219.36	有色金属—工业金属—铅锌
600615.SH	丰华股份	19.53	13.39	24.24	81.75	有色金属—金属非金属新材料—金属新材料Ⅲ
600961.SH	株冶集团	18.82	9.37	12.64	30.97	有色金属—工业金属—铅锌
600432.SH	吉恩镍业	17.42	12.98	28.26	111.72	有色金属—稀有金属—其他稀有小金属
000878.SZ	云南铜业	16.62	5.11	28.17	91.18	有色金属—工业金属—铜
600331.SH	宏达股份	16.61	10.13	68.63	273.87	有色金属—工业金属—铅锌
000758.SZ	中色股份	16.34	13.69	45.63	128.76	有色金属—工业金属—铅锌

根据神奇公式的选股原则，最终我们自动挑选的 20 只股票如表 3-15 所示。

表 3-15　2007 年神奇公式组合清单

股票代码	股票简称	股票代码	股票简称
600629.SH	棱光实业	000898.SZ	鞍钢股份
000650.SZ	仁和药业	600348.SH	阳泉煤业
600875.SH	东方电气	600270.SH	外运发展
600759.SH	洲际油气	600428.SH	中远航运
600497.SH	驰宏锌锗	600961.SH	株冶集团
600362.SH	江西铜业	000558.SZ	莱茵置业
600150.SH	中国船舶	600475.SH	华光股份
601699.SH	潞安环能	000878.SZ	云南铜业
600781.SH	辅仁药业	600331.SH	宏达股份
000060.SZ	中金岭南	000731.SZ	四川美丰

　　根据投资回报率和市盈率最优的参数选中以上 20 只股票，幸运的是，神奇公式选中的棱光实业（600629）与仁和药业（000650）被证明是当年的超级大牛股，当年这两只股票的年涨幅分别为 1 267%、1 103%。另外，我们选中的洲际油气（600759）、云南铜业（000878）和宏达股份（600331）这几只股票当年都有大约 3 倍的涨幅。神奇公式 2007 年分行业涨幅统计情况如表 3-16 所示。

表 3-16　神奇公式 2007 年分行业涨幅统计

行　　业	2007 年涨幅
煤炭	229.80%
化工	92.10%
交运	84.70%
医药	458.90%
金属	198.90%
其他	215.90%
上证指数	93%
神奇公式	267.54%

　　这波牛市牛气冲天，但凡沾上它的都要火一把。一位白领曾将一首流行歌曲改成了《死了都不卖》，结果在网上红极一时，短短十几天，竟然博得上百万点击率，掀起"股票歌曲"新高潮。很快，中国

最大的华友飞乐唱片公司以敏锐的嗅觉，推出由超女邵雨涵主唱的《死了都不卖》股歌专辑，十分畅销。

2007 年 5 月 30 日，财政部凌晨宣布，即日起将证券交易印花税上调至 0.3%。上午 9 点半，沪深股市开盘后出现了放量暴跌的态势，跌幅达 6% 以上，沪指收盘报 4 053 点，下跌 281 点，两市跌停的个股超过 900 只。接下来的几天，许多股票的股价接近腰斩。这轮牛市在"半夜鸡叫"中走向落幕。

3.3　小盘牛：2012—2015 年

和大多数的人感知不同，2015 年短暂牛市起点应该是 2012 年，这是一轮比较漫长的牛市。从 2012 年起，中国经济进入了连续"L 型底"阶段，从原来 GDP 每年 10% 以上的增幅慢慢变为几年 8% 几年 7% 这样的增速。相对于主板股票的长期低迷，从 2012 年起，以创业板为首的小盘股票登上 A 股舞台并唱了 3 年的主角。著名的乐视网（300104），从 2012 年 2.07 元一直涨到了 2015 年最高 44.72 元，总涨幅超过 20 倍，曾经出现过 2 个月股价翻 3 倍的股市奇迹；兰石重装（603169）由于上市前 3 年业绩连续滑坡，甚至曾被批为"最差新股"，但在 2014 年以 923% 的涨幅成为 2014 年牛股冠军；朗玛信息（300288）、全通教育（300359）股价均一度超越茅台成为 A 股第一高价股。

2012 年到 2015 年的这波小盘牛，可谓是妖股的天下，许多股神又重出江湖。由于当年移动互联网已经开始普及，微博、雪球上出现了各种大 V。这些大 V 经常在各种平台上公布自己的实时操作账户信息，许多散户跟风操作。在最疯狂的牛市阶段，一个大 V 在雪球网上的一句话甚至能导致一家公司的股价涨停。这轮牛市分为以下两个阶段。

（1）创业板牛市。从 2012 年至 2014 年上半年，创业板、中小板和中小市值公司唱主角。

（2）**全面牛市**。从 2014 年下半年开始到 2015 年 6 月，A 股进入全面牛市，所有的股票都进入"疯牛"阶段。

从 2012 年开始，创业板从最低 585.44 点，一直涨到 2015 年最高 4 037.96 点，在不到 4 年的时间里涨了大概 8 倍，可以说是牛冠全球。但是如果你在 2012 年坚定投资了 A 股大盘股的话，那么在那几年收益率成绩将会很一般，上证指数从 2012 年最高 2 478.38 点一直跌到 2014 年 5 月的 1 984.82 点，直到 2014 年下半年牛市才开始。假如在 2012 年看好招商银行的收入和盈利，决定在当年 12 元左右买入，那么到 2014 年 6 月牛市开始前，还是要亏损 10% 左右；当年还有很多人看好贵州茅台（600519），但是如果在 2012 年以 260 元左右买入贵州茅台，那么到 2014 年牛市启动前，将亏损将近 50%！要到 2015 年 5 月牛市快结束了才能解套！表 3-17 是 2012—2015 年牛市分阶段的统计情况。

表 3-17　2012—2015 年牛市分阶段统计

	2012 年最低点	2014 年上半年最高点	2015 年最高点	2012—2014年上半年涨幅	2012—2015 年整个牛市涨幅
创业板指数	585.44	1 571.4	4 037.96	168.41%	589.73%
上证指数	1 959.33	2 177.98	5 178.19	11.16%	164.28%
招商银行	9.54	11.17	21.7	17.09%	127.46%
贵州茅台	170.9	179.6	290	5.09%	69.69%

国家这些年鼓励"大众创业，万众创新"，大力发展"互联网 +"业务，鼓励互联网金融和高科技产业。客观地说，2012 年那波创业板牛市里面还是有不少优质公司的，比如网宿科技（300017），它通过资本市场的力量，从 2012 年到 2016 年，每年的收入、利润增长都超过 50%。而从创业板整体的营收和利润增速来说，2012 年到 2015 年年均保持在 20% 左右，应该说总体上创业板的公司在这几年还是符合质优的标准，但是由于过多资金进入创业板，创业板的市盈率一直居高不下。图 3-10 是创业板在 2012 年牛市中平均盈利增速情况。

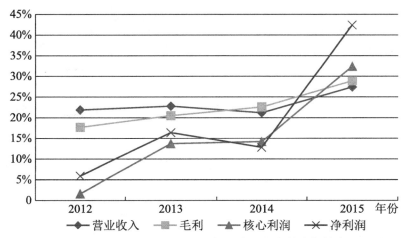

图 3-10　创业板平均盈利增速在 2012 年那波牛市中普遍保持在 20% 左右

从 2012 年开始，创业板的平均市盈率就已经超过了 30 倍，2014 年上半年平均超过 50 倍，到了 2015 年牛市巅峰，创业板市盈率已经创纪录地达到了 133 倍！如图 3-11 所示。

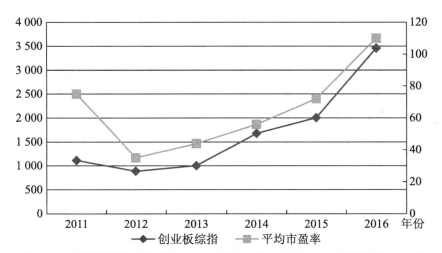

图 3-11　创业板平均市盈率从 2012 年的 30 倍一直到 2015 年峰值的 133 倍

创业板的这轮牛市虽然符合神奇公式质优公司的条件，但是不符合价低标准，我们用神奇公式的选股策略来看看当年的收益表现，如表 3-18 所示。

表 3-18 2012—2015 年神奇公式和上证指数、创业板指数收益率对比

年收益对比	2012 年	2013 年	2014 年	2015 年	总收益率	年化平均收益率
神奇公式	71.91%	6.90%	60.68%	43.51%	423.76%	43.48%
上证指数	3.17%	-6.75%	52.87%	9.41%	160.91%	12.63%
创业板指数	-2.72%	81.87%	13.06%	84.50%	369.02%	38.60%

原以为在 2012—2015 年创业板如此疯狂的情况下，神奇公式无法跑赢创业板指数，但神奇公式在 2012—2015 年这四年最终总收益率为 423.76%，超过了创业板指数 369.02% 的总收益率，神奇公式 4 年年化收益率达到 43.48%，不仅大大超过了上证指数年化 12.63% 的平均收益率，还超过了创业板指数 38.60% 的年化平均收益率。

在这轮小盘股牛市中，为何 2013 年上证指数还跌了 6.75%？原因是当年银行出现了"钱荒"现象。2013 年 6 月，当时的一系列经济数据显示，经济增长存在下行压力。4、5 月份的工业增加值、固定资产投资、出口增速等较一季度有所回落。汇丰制造业 PMI（采购经理指数）等低于市场预期，6 月初降至 9 个月以来的新低。为对冲经济下行压力，国家放松了对货币的监管，金融机构卡在 6 月考核和信息披露时点大量放贷，银行的同业业务异军突起，迅速膨胀，5 月末同比增速超过 50%，导致 2013 年前 5 个月，M2（广义货币供应量）月均增速达到 15.7%，明显超出年初确定的 13% 左右的预期目标。这种金融机构的失控现象引起了中央的重视，央行 6 月底之前很快收紧了银根，加强了对金融机构的监管，市场由于之前过度使用金融杠杆，导致 6 月底突然出现钱荒，隔夜质押式回购利率继续升至 9.81%，直接导致股市一蹶不振。

由于 2012 年到 2015 年的 A 股总体上是以小盘股为主线的牛市，因此我们把这 4 年一起来做分析，先来看看这 4 年神奇公式选定的年度 20 只股票，如表 3-19、表 3-20、表 3-21、表 3-22 所示。

表 3-19　2012 年神奇公式 20 只成份股

股票代码	股票简称	股票代码	股票简称
600111.SH	包钢稀土	600970.SH	中材国际
000048.SZ	康达尔	600693.SH	东百集团
600771.SH	广誉远	000550.SZ	江铃汽车
000587.SZ	金叶珠宝	600525.SH	长园集团
000156.SZ	华数传媒	000623.SZ	吉林敖东
600340.SH	华夏幸福	600216.SH	浙江医药
000809.SZ	铁岭新城	600060.SH	海信电器
600160.SH	巨化股份	000703.SZ	恒逸石化
600636.SH	三爱富	600739.SH	辽宁成大
600094.SH	大名城	000863.SZ	三湘股份

表 3-20　2013 年神奇公式 20 只成份股

股票代码	股票简称	股票代码	股票简称
600751.SH	天津海运	000922.SZ	佳电股份
600678.SH	四川金顶	601633.SH	长城汽车
600771.SH	广誉远	000552.SZ	靖远煤电
000568.SZ	泸州老窖	000537.SZ	广宇发展
000677.SZ	恒天海龙	000809.SZ	铁岭新城
000858.SZ	五粮液	002467.SZ	二六三
300040.SZ	九洲电气	002662.SZ	京威股份
601515.SH	东风股份	002128.SZ	露天煤业
000921.SZ	海信科龙	000987.SZ	广州友谊
600066.SH	宇通客车	600658.SH	电子城

表 3-21　2014 年神奇公式 20 只成份股

股票代码	股票简称	股票代码	股票简称
600769.SH	祥龙电业	000537.SZ	广宇发展
000751.SZ	锌业股份	000651.SZ	格力电器
600155.SH	宝硕股份	000858.SZ	五粮液
000958.SZ	东方能源	600694.SH	大商股份
000056.SZ	深国商	600660.SH	福耀玻璃
600519.SH	贵州茅台	000809.SZ	铁岭新城
000568.SZ	泸州老窖	600067.SH	冠城大通
002304.SZ	洋河股份	600987.SH	航民股份

续表

股 票 代 码	股 票 简 称	股 票 代 码	股 票 简 称
600894.SH	广日股份	600805.SH	悦达投资
002016.SZ	世荣兆业	600060.SH	海信电器

表 3-22　2015 年神奇公式 20 只成份股

股 票 代 码	股 票 简 称	股 票 代 码	股 票 简 称
603369.SH	今世缘	002304.SZ	洋河股份
002508.SZ	老板电器	002035.SZ	华帝股份
000423.SZ	东阿阿胶	600519.SH	贵州茅台
603188.SH	亚邦股份	000553.SZ	沙隆达 A
601877.SH	正泰电器	600583.SH	海油工程
000895.SZ	双汇发展	000550.SZ	江铃汽车
601633.SH	长城汽车	000333.SH	美的集团
002081.SZ	金螳螂	002440.SZ	闰土股份
601515.SH	东风股份	000651.SZ	格力电器
000902.SZ	新洋丰	600382.SH	广东明珠

2012 年是小盘股，特别是创业板的天下，估计有读者一定会很好奇，到底通过神奇公式在这 4 年里能不能选出创业板的妖股。我们可以先来统计一下神奇公式选出的创业板和市值小于 50 亿元的公司数量到底有多少，如表 3-23 所示。

表 3-23　神奇公式在 2012—2015 年选出的小盘股统计　单位：家

年份	创业板公司数量	中小板公司数量	市值小于 100 亿元的公司数量	市值小于 50 亿元的公司数量
2012	0	0	3	1
2013	1	3	6	0
2014	0	1	2	0
2015	0	4	4	1

通过表 3-23 的统计，我们可以很清楚地看到，神奇公式选出小市值股票的比例非常低，因此很难选出当年的创业板小市值妖股。那么神奇公式在这几年主要是通过什么股票获得年化 43% 收益率的呢？我们来看下这 4 年的公司所在行业占比，如图 3-12 所示。

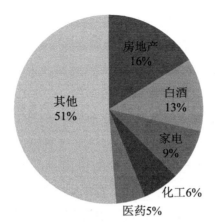

图 3-12　2012—2015 年神奇公式组合的行业占比

如图 3-12 所示，这轮牛市神奇公式主要选出的股票集中在房地产和白酒两个行业。2012 年年初房地产迎来了一轮新的高潮，一线城市房价开始翻倍，而白酒行业经历了 2012 年"八项规定"整治之后，在 2013 年开始迎来爆发式的销售增长和稳步涨价过程；而家电行业在 2015 年之后，由于房地产的发展，也迎来了一波业绩牛。总体上说，虽然神奇公式没有选出创业板妖股，但是整体收益率还是相当不错的，如表 3-24 所示。

表 3-24　2012—2015 年神奇公式分行业收益率统计

行业	2012 年	2013 年	2014 年	2015 年	4 年 总收益率	年化 平均收益率
房地产	58.1%	2.0%	20.4%	43.0%	277.6%	29.1%
白酒	—	−41.0%	296.2%	−7.7%	215.8%	29.2%
家电	25.3%	40.5%	31.5%	−0.1%	231.3%	23.3%
化工	−29.2%	−34.0%	198.8%	−37.7%	87.0%	−3.4%
医药	18.2%	139.0%	—	—	282.5%	68.1%
神奇公式	71.91%	6.90%	60.68%	43.51%	423.76%	43.48%
上证指数	3.17%	−6.75%	52.87%	9.41%	160.91%	12.63%
创业板指数	−2.72%	81.87%	13.06%	84.50%	369.02%	38.60%

从不同的年份分行业来看，在这轮小盘股主导的牛市中，买入房地产、家电股票可以维持一个比较稳定的收益率。而白酒的崛起主要

是从 2014 年开始，如果从 2014 年开始持有白酒股票，到之后的 2016 年、2017 年也会有不俗的表现。

3.4 白酒牛：2016—2017 年

由于时间并不久远，相信大部分股民对 2016 年这波以贵州茅台（600519）为代表的白酒牛市有比较深刻的印象。贵州茅台一直以来都是股市大 V 们的挚爱，林园、但斌经常把贵州茅台作为符合巴菲特价值投资的典范进行宣传。有位叫董宝珍的投资者，资料显示他在 2008 年 11 月就开始买入贵州茅台的股票，在 2010 年 7 月完成建仓，其持有贵州茅台的成本约为每股 160 元。期间，茅台股价上涨。不过 2012 年，在中央大力反腐、整治"三公"消费的背景下，A 股白酒板块走熊，茅台股价进入阴跌时期。2012 年下半年，茅台股价从每股 220 元附近一路下跌，2013 年下跌至每股 120 元，股价几乎腰斩。茅台市值跌破 1 500 亿元。

但自 2016 年 7 月 5 日茅台股价收于 300.58 元 / 股起，到 2017 年 4 月 18 日从 300 元突破 400 元，用时 9 个多月，而到 2017 年 9 月 25 日从 400 元突破 500 元，用时 5 个月，而到 2017 年 10 月 26 日从 500 元突破 600 元，用时仅一个月。董宝珍因此一战成名，而但斌等私募大佬从此被冠以"私募教父"的称号。

相信读者一定很好奇，神奇公式到底能不能把贵州茅台在这波白酒牛中选入候选股呢？我们先一起来看看神奇公式在 2017 年这轮白酒牛的表现，如表 3-25 所示。

表 3-25　2015—2017 年神奇公式和上证指数收益率对比

年收益率	2015 年	2016 年	2017 年	年化平均
神奇公式	43.51%	5.45%	26.85%	24.86%
上证指数	9.41%	-12.31%	6.56%	-2.00%

2017 年这波白酒牛启动之前，食品（主要是白酒）、汽车、家电、养殖业在 2015 年年初就多次入选神奇公式，特别是白酒，已经多次入选我们的 20 只选股当中。入选神奇公式的白酒股如表 3-26 所示。

表 3-26　2015—2017 年入选神奇公式的白酒股

2015 年	2016 年	2017 年
贵州茅台	贵州茅台	贵州茅台
今世缘	洋河股份	洋河股份
洋河股份	—	伊利股份

表 3-26 所统计的神奇公式入选的白酒股，按照投资收益率和市盈率两个指标，贵州茅台自然符合质优价低的条件，因此能连续 3 年入选，也使我们的组合在这几年获得比较好的收益。

本 章 小 结

本章回顾了 A 股 25 年 4 轮牛市：回归牛（1996—2000 年）、蓝筹牛（2005—2007 年）、小盘牛（2012—2015 年）、白酒牛（2016—2017 年），在这 4 轮牛市中，神奇公式的收益率都跑赢了上证指数涨幅。

这 4 轮牛市每轮的主线都不同，有以金融股、蓝筹股为主导的牛市，有以小盘股为主线的牛市，还有以白酒等消费股为核心的牛市。尽管我们的神奇公式并不是每次都能抓住牛市的主线，但是由于长期坚持投资质优价低的公司，因此总是能跑赢每轮的牛市大盘。

从本章的回顾中，可以看到神奇公式之所以能长期获得较高的收益率，主要还是得益于牛市获取的较高收益率。在第 4 章，我们将继续探讨和回顾神奇公式 25 年 A 股中熊市的表现。

第4章 ————————

A 股熊市中的神奇公式

第 3 章主要回顾了 A 股 25 年 4 轮牛市神奇公式的表现，在和上证指数的对比当中，我们可以得知，在牛市中，神奇公式的收益率是可以大幅跑赢上证指数的，这也是为什么神奇公式能长期获得 25% 以上收益率的原因。

在第 2 章我们曾经分析过，神奇公式在熊市中的表现其实和上证指数收益率相当，虽然没有在熊市中表现得更加抗跌，但也正是因为神奇公式在熊市中并没有表现得更差，而在牛市中的表现又更加优秀，因此才能长期跑赢大盘指数。

本章我们将详细分析神奇公式在 A 股熊市中的表现。

4.1 5 年科技泡沫熊市：2001—2005 年

2001—2005 年对于股市来说是痛苦的，原因是中国当时经历了美国科网股破灭后，世界经济带来的极大不确定影响。

4.1.1 美国科网泡沫破裂后的熊市

1995 年至 2001 年，在美国科技公司的牵头下，欧美及亚洲多个国家的股票市场掀起了一轮互联网热潮，与科技及新兴的互联网相关企业的股价快速上升。2000 年 3 月 10 日，纳斯达克综合指数达到了5 132.52 点，比一年前翻了一番还多。而在 1995 年年初，纳斯达克综合指数最低只有 740.47 点，在 5 年的时间里，翻到了 7 倍多，如图 4-1所示。

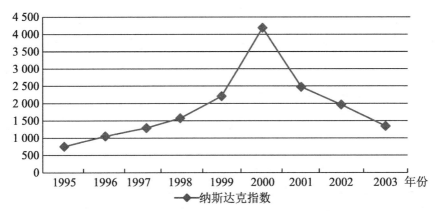

图 4-1 美国科网股泡沫期间的纳斯达克指数走势图

在科技股泡沫期间，许多股票几乎每个月都在翻倍。一个案例是台湾中华网公司，1999 年，这个公司的股票从 40 美元上涨到 140 美元。20 世纪 90 年代后期，大量风险资本投资于信息科技与互联网行业。处于这一轮高涨的"新经济"行情后期的投资者们，近乎失去理智地疯狂追捧着与科技和互联网相关联的 IPO（首次公开募股）项目。不少公司甚至仅需要将公司的名称改为与互联网相关，即使根本不存在任何相关业务的发生，就能实现股价的瞬间飞速上涨。仅 1999 年一年就有 457 例 IPO，绝大多数都与科技／网络相关，其中有 117 只在上市的首个交易日就实现市值翻倍。VALinux 于 1999 年 12 月 IPO 当日涨幅达到 736%，创下美国有史以来的 IPO 首日纪录。

面对市场的狂热，美联储于 2000 年 2 月 2 日和 3 月 21 日连续两次加息 0.25%。2000 年年初，美国经济出现过热迹象，2 月、3 月 CPI（居民消费价格指数）连续超预期分别达到 3.2%、3.8%，为 3 年以来最高水平。作为应对，美联储于 2000 年 2 月 2 日和 3 月 21 日连续两次加息。

加息导致美国公司利润下降，资金也从美国股市中抽离，加上天量的 IPO，科技股泡沫破裂的导火索是美国司法部对于微软的反垄断指控，接下来 2001 年安然和世通的财务丑闻更是让这件事雪上加霜。2000 年 3 月 11 日到 2002 年 9 月，在短短 30 个月内，纳斯达克指数暴跌 75%，创下 6 年中的最低点位。无数".com"公司市值暴跌，甚至倒闭，投资者损失惨重。在纳斯达克上市的企业有 500 家破产，40% 退市，80% 的企业跌幅超过 80%，3 万亿美元的纸面财富被蒸发。InfoSpace 在 2000 年 3 月达到每股 1 305 美元，2001 年 4 月下跌到 22 美元；Boo.com 在 6 个月中花费了 1.8 亿美元试图创造全球网上时尚店，最终在 2000 年 5 月倒闭；股价最高曾达 140 美元的中华网，最后也以倒闭收场。

4.1.2　中国"519"科技牛结束后的熊市

在第 3 章我们回忆过著名的"519 行情"[①]，中国 1999 年开始的牛市是中国受美股科技股影响，掀起的一场股市科技热，"网络股"成为最时髦的概念。据不完全统计，1999 年 A 股"触网"公司有近 80 家，网络股行情持续到 2000 年的最后阶段，达到 300 多家。

为应对 519 行情后的股市过热，央行开始货币紧缩，1999 年 6 月 10 日到 2002 年 2 月间央行意外停止降息，并且在 1999 年 11 月降准之后，存款准备金逐步提高。519 时期，股票坐庄行为盛行，证监会开始对股票市场的坐庄行为进行打击，掀起旨在强化上市公司治理的监管风暴，使得股票市场承受了巨大的压力。中国证监会颁布的有关证券监管的法规或条例就达 51 件，有 80 多家上市公司和 10 多家中介机构受到公开谴责、行政处罚，甚至立案侦查。

2001 年 6 月 14 日，国有股减持办法出台，成为压倒牛市的最后一根稻草。减持就是变相摊派和扩容，中国股市开始过度扩容，尽管股市一直走弱，但融资额却达到了近 15 年来融资额的 40% 左右，这也使大盘承受巨大压力。最后，A 股从此走上了慢慢"熊"途，上证指数从 2001 年 6 月最高 2 245.42 点一直跌到 2005 年 6 月的 998.23 点，跌幅超过 55%，如图 4-2 所示。

---

① 1999 年 5 月 19 日，在席卷中国的网络科技股热潮的带动下，中国股市走出了一波凌厉的飙升走势，此轮行情因此被称为"519 行情"。

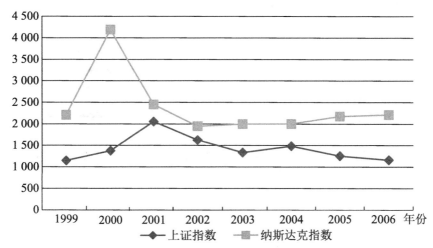

图 4-2　2000 年开始美国纳斯达克和中国科技股泡沫陆续开始破灭

　　熊市期间，出现了许多跌幅巨大的股票，比如 2001 年银广夏 A（000557），年度跌幅达到 88.9%。如果当年有人在高点买了这只股票 10 万元，那么到年底他就只剩 1 万元了，可以用血本无归来形容。另外还有 519 行情中的超级牛股亿安科技（000008），这只流通股仅有 3 529 万股的小盘股，业务范围涉及数码科技、网络工程、生物工程、电子通信、电动汽车、新能源和纳米技术等，几乎把当年的全球高科技概念一网打尽，这只股价从 1999 年 5.5 元一直涨到了 126 元，成为第一只破百元股票。2001 年美国科网泡沫破裂，也鉴于亿安科技股票出现的种种异常行为，中国证监会宣布查处涉嫌操纵亿安科技股价案，对持有亿安科技股票的主要账户进行重点监控。受此消息影响，亿安科技股票在此后接连跌停，仅在 2001 年亿安科技跌幅就达 75.2%，该股票一度从最高 126 元跌到最低 3 元。这只股票可以说是 A 股老股民记忆中的噩梦，后来该公司改名为"宝利来"，最终还是难逃退市命运，由神州高铁接手，如图 4-3 所示。

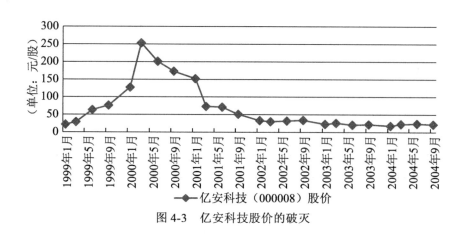

图 4-3　亿安科技股价的破灭

4.1.3　神奇公式在该轮熊市中的表现

如果你身处 2001—2005 年的熊市中，当年的 A 股可以说是让人心碎的投资绞肉机。在漫长的熊市中，成交量不停地创新低，不断地有股票出现利空跌停，离开股市也许是最好的投资选择。

假如不想离开股市，那么选择用神奇公式进行投资会不会是一个比较好的选择呢？在这几年漫长熊市中，我们神奇公式的表现如表 4-1 所示。

表 4-1　2001—2005 年神奇公式与上证指数收益率对比

年收益对比	2001 年	2002 年	2003 年	2004 年	2005 年	年化收益率
神奇公式	-22.93%	-4.32%	27.58%	-18.47%	-19.79%	-9.26%
上证指数	-20.90%	-18.02%	10.76%	-15.53%	-7.70%	-10.95%

如表 4-1 所示，2003 年 A 股有了一些反弹，上证指数年度涨幅为 10.76%，虽然 2001—2005 年是一轮漫长的熊市，但我们仍将 2003 年也纳入这轮熊市中。我们在第 3 章中也把 2005 年作为"蓝筹牛"的起点年份，但是实际上 2005 年上证指数还是跌了 7.70%，因此我们也把 2005 年作为科技股破灭后这轮漫长熊市的结束年份。

简单对比上证指数和神奇公式在这轮漫长熊市中的表现，从年化收益率来看，两者的差别并不大。神奇公式年化收益率为 -9.26%，而

上证指数为 -10.95%，两者间只差 1.69%，神奇公式表现略好。从具体的年份来看，2001 年和 2004 年，上证指数和神奇公式收益率接近示波器；而在 2002 和 2003 年，神奇公式表现比上证指数优秀，2002 年神奇公式只有 -4.32% 的回撤，而在 2003 年却反弹了 27.58%，均优于上证指数；但是在 2005 年，就是在下一轮牛市起点阶段，神奇公式却巨幅回撤 -19.79%，远远落后于上证指数的 -7.70%，导致最终神奇公式的年化收益率实际上并没有领先上证指数太多。

虽然神奇公式和上证指数收益率差别不大，但仔细分析 2001—2005 年入选神奇公式的行业分类（如图 4-4 所示），我们发现钢铁行业入选企业占比超过了 35%，汽车和房地产企业入选神奇公式占比也超过了 20%。由于神奇公式选择的都是"质优价低"的公司，不管之后这些公司的股价是否有所增长，国家在 2001—2005 年这轮经济周期中，通过宏观调控，加大了基建的投资力，导致了钢铁的需求量暴增；而房地产商品化改革的推进，也让房地产企业处于业绩启动阶段。从 2004 年开始，中国进入房地产的黄金时代，出现了万科这样的现金牛、业绩牛上市企业。

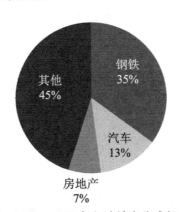

图 4-4　2001—2005 年入选神奇公式行业占比

虽然 A 股受美国科技泡沫影响，从 2001 年开始经历了 5 年的熊市，但由于 2002 年成功加入 WTO 世贸组织，受到西部振兴、乡村振兴等基建政策刺激，中国从 2003 年开始 GDP 增长率已经超过 10%，农村劳动力大量流入城市，地方政府土地有效出让，均成为中国黄金十年的沉没成本，也为未来十年房地产和股市牛市奠定了基础，如图 4-5 所示。

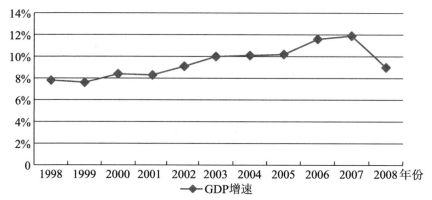

图 4-5　2001 年开始我国 GDP 增长开始进入加速阶段

如图 4-6 所示，从 2001 年开始这 5 年神奇公式选出的股票平均市盈率来看，由于企业业绩改善，神奇公式组合的市盈率从 2004 年开始已经低于 25 年平均市盈率值。换句话说，市场具备了足够的"价低"股票数量，也为 2005 年牛市开启奠定了价格"底座"基础。

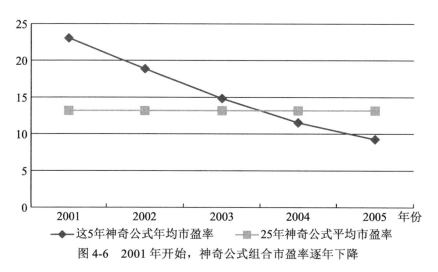

图 4-6　2001 年开始，神奇公式组合市盈率逐年下降

对于 2001—2005 年的熊市讨论暂时告一段落，以下表 4-2、表 4-3、表 4-4、表 4-5、表 4-6 是我们这 5 年入选神奇公式的股票组合清单。

表 4-2　2001 年入选神奇公式的 20 只股票

股 票 代 码	股 票 简 称	股 票 代 码	股 票 简 称
000540.SZ	中天城投	000089.SZ	深圳机场
000034.SZ	深信泰丰	000766.SZ	通化金马
000858.SZ	五粮液	000778.SZ	新兴铸管
600207.SH	安彩高科	600098.SH	广州发展
600177.SH	雅戈尔	600231.SH	凌钢股份
600126.SH	杭钢股份	600282.SH	*ST 南钢
000651.SZ	格力电器	000751.SZ	锌业股份
600641.SH	万业企业	600104.SH	上汽集团
000913.SZ	钱江摩托	600005.SH	武钢股份
600642.SH	申能股份	600006.SH	东风汽车

表 4-3　2002 年入选神奇公式的 20 只股票

股 票 代 码	股 票 简 称	股 票 代 码	股 票 简 称
000619.SZ	海螺型材	000089.SZ	深圳机场
000402.SZ	金融街	600098.SH	广州发展
600658.SH	电子城	000937.SZ	冀中能源
000858.SZ	五粮液	600742.SH	一汽富维
000778.SZ	新兴铸管	600005.SH	武钢股份
600006.SH	东风汽车	600642.SH	申能股份
600177.SH	雅戈尔	000039.SZ	中集集团
000651.SZ	格力电器	600569.SH	安阳钢铁
600690.SH	青岛海尔	600231.SH	凌钢股份
600126.SH	杭钢股份	600282.SH	*ST 南钢

表 4-4　2003 年入选神奇公式的 20 只股票

股 票 代 码	股 票 简 称	股 票 代 码	股 票 简 称
600057.SH	象屿股份	600231.SH	凌钢股份
000037.SZ	深南电 A	000680.SZ	山推股份
000625.SZ	长安汽车	600177.SH	雅戈尔
000088.SZ	盐田港	600104.SH	上汽集团
600130.SH	波导股份	600742.SH	一汽富维
000619.SZ	海螺型材	600569.SH	安阳钢铁
000778.SZ	新兴铸管	600005.SH	武钢股份
000895.SZ	双汇发展	600282.SH	*ST 南钢
000651.SZ	格力电器	000402.SZ	金融街
600686.SH	金龙汽车	600098.SH	广州发展

表 4-5　2004 年入选神奇公式的 20 只股票

股票代码	股票简称	股票代码	股票简称
600271.SH	航天信息	000778.SZ	新兴铸管
600057.SH	象屿股份	600569.SH	安阳钢铁
000625.SZ	长安汽车	600808.SH	马钢股份
600231.SH	凌钢股份	600019.SH	宝钢股份
600307.SH	酒钢宏兴	600282.SH	*ST 南钢
600519.SH	贵州茅台	600823.SH	世茂股份
600232.SH	金鹰股份	000027.SZ	深圳能源
600130.SH	波导股份	600581.SH	八一钢铁
000717.SZ	韶钢松山	000898.SZ	鞍钢股份
600126.SH	杭钢股份	000825.SZ	太钢不锈

表 4-6　2005 年入选神奇公式的 20 只股票

股票代码	股票简称	股票代码	股票简称
000008.SZ	宝利来	600307.SH	酒钢宏兴
600647.SH	同达创业	600019.SH	宝钢股份
600053.SH	中江地产	600126.SH	杭钢股份
000039.SZ	中集集团	600104.SH	上汽集团
600500.SH	中化国际	000157.SZ	中联重科
001696.SZ	宗申动力	000625.SZ	长安汽车
000933.SZ	神火股份	600808.SH	马钢股份
600005.SH	武钢股份	600688.SH	上海石化
600231.SH	凌钢股份	600581.SH	八一钢铁
600792.SH	云煤能源	000778.SZ	新兴铸管

从 2005 年开始，中国正式进入黄金十年，房地产商品化也成就了万科等房地产商。如果在 2005 年买入万科的股票，那么到 2018 年，收益率将达到 17.8 倍，如表 4-7 所示。

表 4-7　万科 14 年股价复权收益率统计

	2005 年 1 月后复权	2018 年 12 月后复权	总收益率
万科 A	193.45	3 638.44	17.8 倍

4.2　6 年连续 L 型底熊市：2008—2013 年

　　2008 年的美国次贷危机对于中国人来说是比较难忘的一次输入型冲击，当时中国已经完全融入了世界的经济全球一体化，美国感冒打一声喷嚏，全世界可能都要被感染，或甚至严重到得肺炎。对于中国 A 股来说，美国次贷危机之后，中国经济从 2008 年开始结束了加入世贸组织（WTO）以来的高速增长，此后进入了连续"L"型底的经济发展增速过程，伴随着股市也进入了一个长达 6 年的漫长熊市。

4.2.1　美国次贷危机引爆全球股市风险

　　2000—2006 年，美国的房价增长速度迅猛。很多家庭都难以支付高昂的买房费用，而且很多低收入或者信用记录不好的人都无法获得住房贷款。而美国联邦政府在这个时候也在对贷款公司施加压力，希望组织们可以放宽贷款的标准，能够发放更多的贷款给那些低收入人群以供买房。对于贷款公司来说，增加贷款可以增加收入，而在那几年的金融大环境里，相比于增长迅猛的房价，市场上的利率一直很低，于是，贷款公司在这 7 年里发放了大量的次级贷款。

　　到了 2006 年下半年，很多次级贷款的低利率期到期，次级贷款的贷款者面临着接下来的高昂贷款偿还金额。就这样出现了第一批因为无力偿还贷款而被没收房产的贷款者。对于这批客户，贷款公司唯一的选择就是把没收的抵押房产放到市场上卖掉，造成了大量的房子供给，市场上出现了大量需要卖掉的房子，导致房价下跌，如图 4-7 所示。

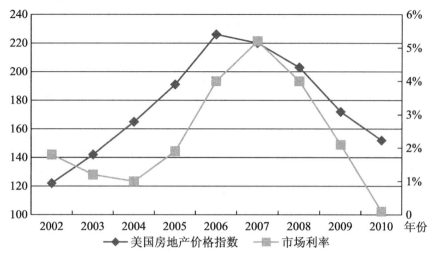

图 4-7　美国次贷危机由于升息导致房地产价格指数下跌

　　2007 年 4 月 2 日，美国第二大次贷供应商新世纪金融公司（New Century Financial）宣告破产。这家在 2007 年初资产规模还超过 17 亿美元的次贷公司，在短短 3 个月内规模缩减到不足 5 500 万美元。

　　2007 年 8 月，随着大量次贷形成的坏账浮出水面，基于这些次贷的证券也大幅贬值，次贷危机全面爆发。由于金融创新和金融全球化的发展，危机直接从美国的花旗银行蔓延到德国的德意志银行、英国的汇丰银行、瑞士的瑞银集团。全球主要金融市场出现了严重的流动性短缺，这种现象又被称为"信贷紧缩"和"信贷危机"，如图 4-8 所示。

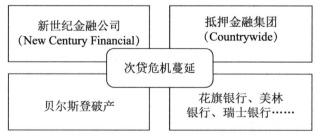

图 4-8　美国 2007 年次贷危机蔓延

2008 年，美国次贷危机进一步恶化，美国贝尔斯登股价从 77.32 美元一直跌到 3.2 美元，但是美国政府依然不准备出手相救，引发进一步的市场恐慌。为防止金融市场出现灾难性暴跌，在美国财政部和美联储极力撮合下，贝尔斯登以每股 2 美元的"跳楼价"将自己卖给摩根大通银行，美联储则为这笔并购案提供了大约 300 亿美元的担保。

随着美国房地产市场的继续下跌，投资者开始担心美国住房抵押贷款市场两大巨头房利美（Fannie Mae）和房地美（Freddie Mac）陷入困境，"两房"亏损达到了 140 亿美元，"两房"股价在过去一年也暴跌了约 90%。9 月 7 日，美国政府再度出手，出资 2000 亿美元接管"两房"。紧接着，美国第四大投资银行雷曼兄弟（Lehman Brothers）宣布破产。美国第三大投资银行美林公司（Merrill Lynch）被美国银行（Bank of America）收购。9 月 17 日，美联储被迫对美国国际集团提供高达 850 亿美元的紧急贷款，避免该公司陷入破产。9 月 19 日，星期五，保尔森公布了 7 000 亿美元的金融救援计划，这就是日后备受争议的"问题资产救助计划"（Troubled Assets Relief Program，TARP）。至此，次贷危机使美国前五大投资银行全军覆没。

2008 年之后，次贷危机对世界经济的影响依然阴魂不散，2011 年"3·11"日本大地震在影响日本经济的同时，也震松了全球经济的塔基；一些国际评级机构掀起的"海浪"则更高更猛：3 月 29 日，标普调低希腊主权债务评级，向主权信用开出第一炮后，美国几大评级机构连续对日本和南欧国家主权信用开火，8 月标普破天荒地降低美国主权信用评级，12 月标普将欧元区 15 国主权信用评级列入负面观察。国际评级巨头这些前所未有的系列行动，让塔基已被震松的全球经济"大厦"剧烈晃动，尘土飞扬，世界经济陷入一片迷茫中，次贷危机后希腊危机引发欧债务机，如图 4-9 所示。

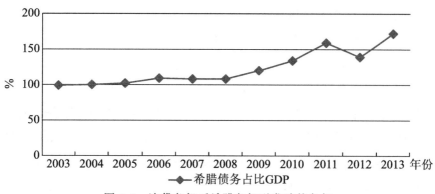

图4-9　次贷危机后希腊危机引发欧债危机

次贷危机从 2007 年 8 月全面爆发以来，对国际金融秩序造成了极大的冲击和破坏，使金融市场产生了强烈的信贷紧缩效应，国际金融体系长期积累的系统性金融风险得以暴露。次贷危机引发的金融危机是美国 20 世纪 30 年代"大萧条"以来最为严重的一次金融危机。起源于美国的这次次贷危机波及全球，全球金融体系受到重大影响，中国也受到次贷危机的影响。

4.2.2　美国次贷危机影响下的 A 股 6 年漫长熊市

在经历 2008 年美国次贷危机冲击后，中国结束了 GDP 的高增速并进入连续"L"型底的"新常态"。加入 WTO 后，中国逐渐进入外向型经济增长模式，但是由于受 2008 年美国次贷金融危机的影响，出口对中国 GDP 的拉动从 2007 年的 2.6% 下降到 2008 年的 0.8%。而由于当年国际资本在发生次贷危机后纷纷涌入商品期货市场，推动了原材料价格，导致中国在 2008 年进入了输入型通胀周期，2008 年 CPI 达到 8.1%，而 GDP 下降到 8%，如图 4-10 所示。

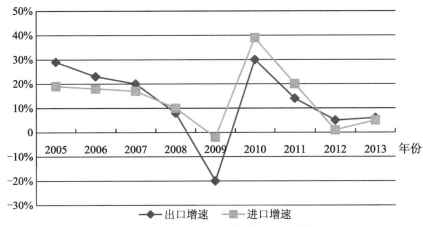

图 4-10　次贷危机后，中国进出口急剧波动

当沪指在 2007 年 10 月创出历史高点 6 124 点后，回调之路正式开启。进入 2008 年后更是一路单边下跌，印花税改革引发的一夜暴涨也仅是偶发事件，次贷危机的蔓延令沪指最低探至 1 664 点，一年时间从高点到低点的累计跌幅达 72%，两市总市值整体缩水 22 万亿元。2007 年到 2008 年，A 股跌幅处于全球第三。若从 2008 年走势来看，A 股的崩塌则更令人吃惊，2008 年沪指从 5 265.00 点开盘，到年末收盘 1 820.81 点，跌幅高达 65.42%，创造了 A 股有史以来的最大年度跌幅，如图 4-11 所示。

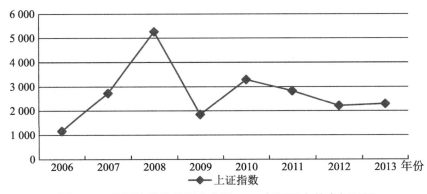

图 4-11　美国次贷危机开启中国 2008 年后股市的大幅回调

2008 年年末，我国推出 4 万亿元投资政策，再加上流动性的释

放，到 2009 年上半年，A 股单边上扬，沪指反弹高度曾达到 3 478 点。但谁也想不到，这却是 6 年熊市中短暂的一年反弹。2010 年年初，随着美联储量化宽松货币政策的实施，货币洪水再次泛滥全球。在这样的外部经济环境下，A 股 2010 年承接 2009 年的反弹无果后，随着股指期货的开闸，短期的爆发上涨并未维持多久，此后再次陷入低谷。

2011 年年初，在日本大海啸和欧债危机的影响下，虽然我国宏观经济拥有相对安全边际，但是 A 股市场 2011 年的表现乏善可陈，除了在流动性宽松的一季度，沪指实现反弹，一度重返 3 000 点大关外，从 4 月中旬开始，市场毫无做多气力，沪指一路下行，全年暴跌 21.68%。2012 年，情况虽没有 2011 年那般糟糕，但是令人惊讶的是，2012 年的 A 股几乎重演了 2011 年的走势，只是波动幅度没有那样大，于 12 月创出年内最低 1 949 点。

2013 年的熊市始于钱荒，并且期间不断出现货币政策偏紧的信号，A 股继续上演着同样的"熊"走势，2 月沪指创出新高 2 444.8 点，此后再度陷入下跌调整，年内更是创出 1 849 点低点。2013 年突发"乌龙指"事件，光大证券策略投资部门自营业务在使用其独立的套利系统时出现问题，导致沪指出现一分钟暴涨 5.96%，如图 4-12 所示。2013 年两融市场最受关注的是昌九生化的"黑天鹅事件"。昌九生化主营化工业务，多年亏损，但由于传言其将被赣州稀土借壳而沾上重

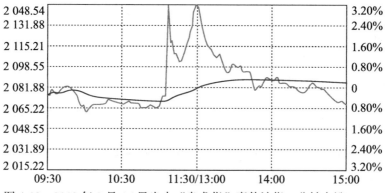

图 4-12　2013 年 8 月 16 日光大"乌龙指"事件沪指 3 分钟上涨 5.96%

组概念，股价持续飙升。11 月 4 日随着赣州稀土借壳威华股份的消息
公告，昌九生化股价连续 7 个跌停，让股民夜深难寐。

为应对 2008 年美国次贷危机对中国的负面影响，中国在 2008 年
决定从 2010 年开始新增投资 4 万亿元，其中包括保障性安居工程，
农村民生工程和农村基础建设、铁路、公路、机场等重大基础设施投资，
医疗卫生、教育文化等社会发展投资等，还包括了对 2008 年汶川地
震的灾后重建恢复投资。另外，为应对出口陡然下降导致的商品积压，
国家还提高了商品出口退税率，并将原来对出口的补贴直接让利给农
民，实行"家电下乡"等积极政策。

可以看出，在 2008—2013 年里，全世界包括中国经济处于动荡
和不确定因素当中，中国政府也为应对不确定性，通过基建、家电下
乡等各种方式刺激经济。虽然总体上来说，政府的各种逆向调节政策
并未能挽救这几年的 A 股，但是政府投入的高铁、农村基础设施都为
后来中国经济复苏奠定了基础。

那么在这几年 A 股的长熊中，神奇公式的表现如何呢？

4.2.3　神奇公式在这 6 年长熊中的表现

我们先来对比一下在这轮长达 6 年的熊市中，神奇公式和上证指
数的收益率表现，如表 4-8 所示。

表 4-8　2008 年后 6 年熊市中神奇公式和上证指数收益率对比

年收益对比	2008 年	2009 年	2010 年	2011 年	2012 年	2013 年	年化收益率
神奇公式	−60.21%	122.20%	35.51%	−26.20%	71.91%	6.90%	8.43%
上证指数	−64.88%	79.98%	−14.31%	−21.68%	3.17%	−6.75%	−13.87%

虽然 2009 年上证指数反弹了 80% 左右，而 2012 年上证指数的
收益率也有 3.17% 的正收益，但是这两年的正收益仅仅是这 6 年长熊

市的两个阶段反弹而已。即使在这两年反弹过程中，创新低的股票也是比比皆是，因此我们把这 6 年当成一个整体熊市来分析。

本轮熊市上证年化收益率 -13.87%，明显低于 2001 年那波科技股泡沫后的熊市年化收益率 10.95%。但和本章 4.1 节所提到的科技泡沫熊市不同，在本轮 6 年熊市中，神奇公式的收益要明显好于上证指数的表现。另外，单单从指数跌幅来看，这 6 年熊市总体的跌幅高达 60%。也就是说，如果在 2008 年买入 10 万元上证指数相关的基金，那么 6 年后这笔钱很可能只剩下 4 万元。但是，这一轮神奇公式的表现却格外亮眼，如果在 2008 年通过神奇公式的方式用 10 万元买入 20 只股票，那么到 2013 年，这笔钱不仅不会亏损，而且还会变为 16 万元，年化收益率可达 8.43%，大大高于当年的存款利率。

至于神奇公式远远跑赢上证指数的原因，主要是因为在 2009 年、2010 年、2012 年这三个 A 股小反弹的年份，神奇公式不仅在反弹期间取得了正收益，并且收益的幅度要远远超过上证指数，因此这三个年份的神奇公式选股情况很值得我们抽出来重点分析一下。

4.2.4 长熊中的小反弹一：2009—2010 年

2009 年和 2010 年属于这轮熊市的一个反弹阶段。神奇公式之所以能大幅跑赢上证指数，肯定是选中了某些回报率高的股票。我们先来看看入选这两年神奇公式的企业，如表 4-9、表 4-10 所示。

表 4-9　2009 年入选神奇公式的 20 只股票

股票代码	股票简称	股票代码	股票简称
000638.SZ	万方发展	600428.SH	中远航运
000983.SZ	西山煤电	601001.SH	大同煤业
600771.SH	广誉远	601666.SH	平煤股份
000529.SZ	广弘控股	000655.SZ	金岭矿业
600596.SH	新安股份	600123.SH	兰花科创
600745.SH	中茵股份	600508.SH	上海能源
002001.SZ	新和成	600050.SH	中国联通

股票代码	股票简称	股票代码	股票简称
600216.SH	浙江医药	600150.SH	中国船舶
601699.SH	潞安环能	600026.SH	中海发展
000937.SZ	冀中能源	000836.SZ	鑫茂科技

表 4-10　2010 年入选神奇公式的 20 只股票

股票代码	股票简称	股票代码	股票简称
000425.SZ	徐工机械	002001.SZ	新和成
000550.SZ	江铃汽车	000683.SZ	远兴能源
000732.SZ	泰禾集团	000935.SZ	四川双马
000517.SZ	荣安地产	600647.SH	同达创业
600216.SH	浙江医药	000748.SZ	长城信息
600366.SH	宁波韵升	600742.SH	一汽富维
002028.SZ	思源电气	600870.SH	厦华电子
000918.SZ	嘉凯城	000338.SZ	潍柴动力
600862.SH	南通科技	000615.SZ	湖北金环
600196.SH	复星医药	000565.SZ	渝三峡 A

2009—2010 年入选神奇公式的企业行业占比如图 4-13 所示。

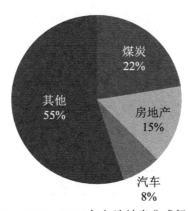

图 4-13　2009—2010 年入选神奇公式行业占比

如图 4-13 所示，从 2009 年、2010 年两年入选神奇公式的行业占比看，煤炭能源的企业占比最高，达到了 22%，而房地产和汽车占比总量也达到了 23%，说明在这两年神奇公式选入了大量的煤炭、房地产、汽车企业，并且有了不错的收益。从另一个侧面也反映出当年为应对 2008 年美国次贷危机，中国通过基建、房地产、家电汽车下乡等方式来应对危机，为这些企业带来了不错的收益，如图 4-14 所示。

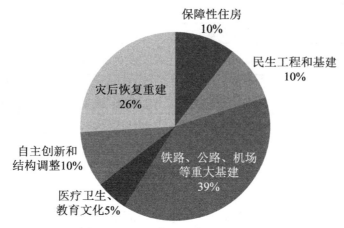

图 4-14　2008 年 4 万亿元分配情况

从图 4-13 可以看出，神奇公式在这两年入选最多的是煤炭、房地产、汽车三个行业，如表 4-11 所示。这三个行业收益率普遍都要高于上证指数收益率。

表 4-11　煤炭、房地产、汽车在这轮小反弹的收益表现

行　业	股票数量	2009—2010 年总收益率	年化收益率
煤炭	9	108.53%	44.41%
房地产	6	225.96%	80.54%
汽车	3	43.90%	43.90%
其他	22	131.08%	52.01%
神奇公式	40	201.10%	73.52%
上证指数	—	54.22%	24.19%

4.2.5　长熊中的小反弹二：2012 年

自 2008 年危机以来，在 4 万亿元财政政策刺激下，央行资产负债表快速扩表、国内社融规模迅速扩张，形成了以人民币贷款规模放

量支撑社会融资总额，并促使企业及政府部门加杠杆的传导机制，最终导致国内债务规模直线攀升。央行资产负债表扩表如图 4-15 所示，货币规模增幅超 2 倍，同期 M2 的规模增幅是 GDP 增幅的 2.2 倍。

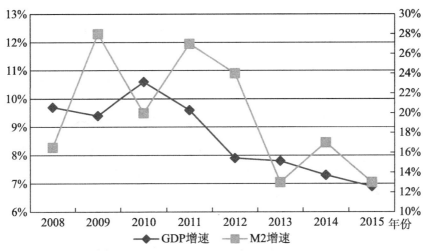

图 4-15　2008 年以来 GDP 增速与 M2 增速对比

　　为了维持债务，6 年间社会融资规模高速增长，增幅接近 200%。自 2010 年年底中央经济工作会议首次提出"保持合理的社会融资规模和节奏"后，社会融资规模激增，如图 4-16 所示。2009—2012 年社会融资规模平均接近 14 万亿元，而 2008 年社融规模仅为 7 万亿元，总量翻了一倍左右。而 2012 年社会融资规模高达 15.32 万亿元，一方面造成了这几年房地产泡沫越来越严重，另外从 2012 年开始，也逐步有部分资金进入了新兴的创业板，货币和社融规模的迅速扩张成为从 2012 年开始的创业板及房地产牛市的诱因。

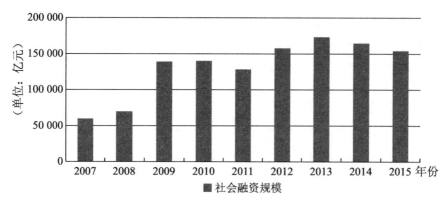

图 4-16 社会融资规模在 2008 年后增加了一倍以上

2012 年入选神奇公式的 20 只股票如表 4-12 所示，入选神奇公式的股票占比最多的为房地产企业（4 家），可以看出国家为了应对 2008 年美国次贷危机，M2 和社会融资规模实际上造成了房地产的泡沫化，房地产企业自然也可以获得比较好的业绩。

表 4-12　2012 年入选神奇公式的 20 只股票

股票代码	股票简称	股票代码	股票简称
600111.SH	包钢稀土	600970.SH	中材国际
000048.SZ	康达尔	600693.SH	东百集团
600771.SH	广誉远	000550.SZ	江铃汽车
000587.SZ	金叶珠宝	600525.SH	长园集团
000156.SZ	华数传媒	000623.SZ	吉林敖东
600340.SH	华夏幸福	600216.SH	浙江医药
000809.SZ	铁岭新城	600060.SH	海信电器
600160.SH	巨化股份	000703.SZ	恒逸石化
600636.SH	三爱富	600739.SH	辽宁成大
600094.SH	大名城	000863.SZ	三湘股份

表 4-13 展示了入选神奇公式的 20 只股票分行业进行收益率对比统计，所选出来的除了化工行业 2012 年收益率为 -29.20%，收益率不理想之外，其余的行业均跑赢了上证指数，其中房地产行业表现最优，收益率达到了 58.03%。

表 4-13　2012 年神奇公式分行业收益率统计

行　　业	股票数量	2012 年收益率
房地产	4	58.03%
医药生物	3	18.10%
化工	3	−29.20%
其他	9	9.11%
神奇公式	20	71.91%
上证指数	—	3.17%

　　由于篇幅关系，这一轮熊市的 2008 年、2011 年、2013 年这三个年份不再做详细的分析，神奇公式在这几个年份的表现基本和上证指数持平，既躲开了一些暴雷的题材股，也无法获得比较好的收益。6 年的连续"L"型底熊市告诉我们，长期持有策略才是使用神奇公式的最佳策略，因为牛市来临是无法预知的，只要在熊市期间保持相对上证指数一致，就能在下一轮反弹中最终跑赢大盘。

4.3　全球化逆流下的熊市：2018—目前

　　2018 年对大家来说应该是印象深刻的，2018 年 3 月 22 日，美国白宫正式签署对华贸易备忘录，宣布将有可能对从中国进口的 600 亿美元商品加征关税，并限制中国企业对美投资并购。美国贸易代表办公室依据"301 调查"① 结果公布拟加征关税的中国商品清单，涉及每年从中国进口的价值约 500 亿美元商品。美国贸易代表办公室当天表示，建议对来自中国的 1 300 种商品加征 25% 的关税，主要涉及信息和通信技术、航天航空、机器人、医药、机械等行业的产品。

　　中美两国在经历 20 年的蜜月期后，从 2018 年开始进入一个新的历史阶段，未来中美的关系如何我们无法得知，正如我们无法预知 A 股接下来的走势一样。2018 年年初，随着中美关系的逐步不明

---

① "301 调查"是美国依据"301 条款"进行的调查，其主要含义是保护美国在国际贸易中的权利，对其他被认为贸易做法"不合理""不公平"的国家进行报复。

朗化，A 股从年初开盘的 3 314.03 点，到 1 月 3 587.03 最高点一直跌到 12 月最低点 2 493.90 点，刚好从年初跌到了年末，跌幅最高达 30.49%，年度跌幅达 21.33%，是从 1994 年以来 A 股的第三大年度跌幅（仅次于 2008 年和 2011 年）。

2018 年、2019 年两年的神奇公式收益率基本和上证指数一致，如表 4-14 所示。这两年入选神奇公式的行业占比见图 4-17。

表 4-14　2018 年、2019 年神奇公式和上证指数收益率对比

年　　份	2018	2019
神奇公式	−30.86%	19.84%
上证指数	−21.33%	20.34%

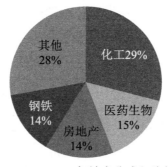

图 4-17　2018—2019 年神奇公式入选行业占比

如图 4-17 所示，2018—2019 年神奇公式选出最多的股票是化工和钢铁、房地产股。化工股的业绩改善和 2017 年国家开启供给侧改革有关。国家通过供给侧改革，有效地改变了化工企业产能过剩的现状，重组和关闭了一批化工企业，让剩余的企业在 2018 年开始盈利变好，因此入选了我们的神奇公式。而房地产股和钢铁股的入选和 2017 年开始的房地产投资增加有关，但是房地产开工和竣工面积从 2018 年逐渐开始出现剪刀差，也就意味着未来房地产企业能否持续高业绩存在极大的不确定性，如图 4-18 所示。

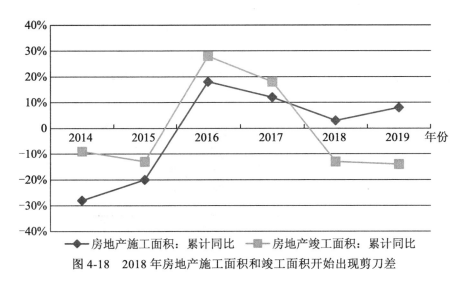

图 4-18　2018 年房地产施工面积和竣工面积开始出现剪刀差

　　至于说 A 股未来几年会出现像 2001 年和 2008 年那样的漫长熊市，还是会开始反弹，甚至走出一轮慢牛，我们不得而知，我们只是想知道 2020 年神奇公式选出来的"质优价低"的股票有哪些，相信如果未来 A 股会有反弹的话，可以跑赢大盘。这里把相关的行业和股票分享给大家，至于接下来走势如何，可能还是要等时间的验证，如表 4-15 所示。

表 4-15　2020 年入选神奇公式的 20 只股票

股 票 代 码	股 票 简 称	股 票 代 码	股 票 简 称
300198.SZ	纳川股份	300146.SZ	汤臣倍健
600273.SH	嘉化能源	000789.SZ	万年青
300702.SZ	天宇股份	002749.SZ	国光股份
002299.SZ	圣农发展	002832.SZ	比音勒芬
300236.SZ	上海新阳	000708.SZ	中信特钢
300016.SZ	北陆药业	600801.SH	华新水泥
002803.SZ	吉宏股份	002860.SZ	星帅尔
002234.SZ	民和股份	600585.SH	海螺水泥
002262.SZ	恩华药业	300761.SZ	立华股份
000848.SZ	承德露露	000672.SZ	上峰水泥

　　如图 4-19 所示，2020 年神奇公式选出的最多的股票是化工和建造材料股，化工企业业绩持续改善依然是得益于 2017 年的国家供给

侧改革，而从 2019 年开始房地产企业存在极大不确定性的情况下，建筑材料企业的业绩依然表现亮眼，主要得益于国家的逆周期政策，国家将财政支出大量投资于基建，而且主要集中在农村等仍需要大量基础建设的区域。

图 4-19　2020 年入选神奇公式行业占比

本 章 小 结

本章回顾了 A 股 25 年 3 轮熊市阶段神奇公式的表现，可以得出以下 3 个结论：

（1）A 股的确有牛短熊长的特点，每轮的熊市周期都非常长；

（2）我们的神奇公式在这几轮熊市中的表现，也大致只能与上证指数持平，并没有太惊艳的表现；

（3）在每一轮熊市中，我国政府都为逆经济周期推出各种货币政策并进行基建投资，为下一轮经济增长奠定基础，我们的神奇公式也在熊市中选出各种逆周期企业，因此在 A 股反弹和下一轮牛市中获得不错的表现。

经过了第 3 章和第 4 章我们对神奇公式在 A 股 25 年牛市和熊市中的详细分析，相信读者对神奇公式在 A 股的应用效果应该有了更深刻的了解和认可度。在接下来的第 5 章，我们将详细讲解如何使用神奇公式以及使用神奇公式需要注意的事项。

第5章 ——————————

神奇公式使用注意
事项

在本书第 2 章，我们曾经简单介绍过神奇公式的使用方法，但是没有把神奇公式的使用步骤描述得太具体。比如，投资回报率到底是使用 ROA（总资产收益率）还是 ROE（净资产收益率）更合适？为什么我们要每年分散持仓 20 只股票？还有，我们能不能直接按神奇公式的选股原则来精选个股投资？

类似这样使用神奇公式的具体问题，我们将在本章一一进行详细的解答和分析。

5.1 投资回报率和收益率的定义

在本书第 1 章中，我们指出了神奇公式的原则是选择"质优价低"的股票，对于"质优"和"价低"的概念，我们给出了要选择投资回报率高的和收益率高的公司的原则。

但到底采用什么指标来定义投资回报率和收益率，前文并未提及，在本部分我们将会详细对其进行解释和分析。在乔尔的《股市稳赚》一书中，他定义的神奇公式主要指标为：

（1）**投资回报率**：投资回报率是指息税前经营收益与占用的有形资本的比值。

投资回报率 =EBIT（息税前利润）/（净流动资本 + 净固定资产）

（2）**收益率**：收益率是指息税前经营收益与企业价值的比值。

收益率 =EBIT/EV（企业价值）= EBIT/（股票市值 + 有息债务）

作者在书中明确指出，不能使用净资产收益率（ROE）、总资产收益率（ROA）来作为投资回报率的指标，而用市盈率（PE）来作为收益率指标。原因是如果使用前两个指标的话，需要考虑到公司负债结构，同时收益数据必须作一定的调整，以反映企业真实的盈利情况（退税、补贴等非经常损益）。

但是，由于通过上市公司的财报数据获取 EBIT 等数据还是比较困难的，尤其是我们做数据回测，要获取所有的历史 EBIT 数据将是一个十分大的工作量。因此，在本书的所有回测数据中，我们采用 ROA 来作为投资回报率的指标，PE 作为收益率指标，并没有做出盈利的调整。但从实际的效果看，回测还是相当理想的，甚至在期望值以上。

下面我们将就投资回报率和收益率进行详细的解释和分析。

5.1.1　ROA 和 ROE

一般的 A 股数据软件均可以获得 ROA 和 ROE，既然可以不需要使用 EBIT/（净流动资本＋净固定资产）这个指标来反映投资回报率，那么到底神奇公式是采用 ROA 还是采用 ROE 更合适？

首先来看看这两个指标各自的定义：

净资产收益率 = 净利润 / 所有者权益

总资产收益率 = 净利润 / 总资产

从公式上看，两个指标的定义还是无法让人清楚地理解。我们可以举一个更明显一些的例子，还是以本书第 1 章中南瓜西餐厅为例。假设有两家南瓜西餐厅，一家叫南瓜西餐厅 A 店，一家叫南瓜西餐厅 B 店。这两家店的投入、负债、盈利情况如表 5-1 所示。

表 5-1　南瓜西餐厅 A 店和 B 店的投入、负债、盈利情况

南瓜西餐厅集团	A 店	B 店
总投资（万元）	100	100
负债（万元）	5	50
净收益（万元）	20	20
ROE	20%	20%
ROA	19.04%	13.33%

为了更好地解释 ROE 和 ROA 的定义，我们把问题做了如下简化：

（1）假设南瓜 A 店和 B 店的年净收益相同，即一年下来他们两家店都赚了 20 万元的利润；

（2）假设两家店都通过股东募资的方式，投资了 100 万元的资金，这里的资金为自有资金；

（3）A 店由于固定投资所需的贷款资金较少，因此负债只有 5 万元，而 B 店由于需要比较多的固定投入等原因负债较高，为 50 万元；

如果仅仅通过 ROE 来评判两家企业的资产收益率，由于 ROE 的分母仅仅是所有者权益，并不包括负债，因此两家企业的 ROE 均为 20%；但是如果计算这两家企业的 ROA 的话，由于 ROA 的分母需要包括所有者权益和负债，因此对于南瓜 A 店来说，ROA 为 19.04%，要比 B 店的 13.33% 高。

回过头来看神奇公式要求的 EBIT/（净流动资本＋净固定资产），实际上 ROA 比 ROE 更能反映一家公司的投资回报率。因为在同样的资本投入下，一家公司如果是通过借贷获得的高收益率，那么背后也隐藏了高风险。在同等的收益率条件下，一家不通过杠杆的公司理论上要比杠杆高的公司更优秀。可能有人会说，适度运用杠杆可以增加股东的收益，应该是好事。可是这个适度是多少实在很难定义，同时运用杠杆也会有利息费用或周转风险等缺点。所以我们建议使用 ROA 来作为一家公司的投资回报率评价标准，因为 ROA 不会把企业负债作为加分或扣分项，而只看公司能用资产赚多少钱。

另外，如果使用 ROA 作为投资回报率的指标，企业提高 ROA 的方法只有两个：一个是提高获利，一个是减少资产。提高获利对企业当然是好事，但是减少资产的话，相当于公司不需要过多的资金及资产来扩展，把多余的资产退回给股东（减资或现金股利）也可以维持一样的获利。对股东来说，可以拿回一些资金用于其他投资，而且公司赚的钱也没有变少，更能反映一家公司的经营优秀。

综上所述，ROE 和 ROA 都可用于衡量公司的投资回报率，但是 ROE 高的公司可能负债也高，通过 ROE 无法反映一家公司的杠杆风险。因此我们建议神奇公式使用 ROA 来作为衡量一家公司投资回报率的指标。

5.1.2 PE（市盈率）和 PB（市净率）

原版神奇公式中使用的收益率，是指息税前经营收益与企业价值的比值，即 EBIT/EV = EBIT/（股票市值 + 有息债务）。由于 EBIT/EV 在 A 股的获取不太方便，也需要找一个替代指标。从 EBIT/EV 的定义看，使用 PE 这个指标替代应该是最合适的；但是也有研究神奇公式的人认为，似乎 PB 这个指标更符合收益率定义。我们先来分析一下 PE 和 PB 的定义：

市盈率 = 股价 / 每股盈利

市净率 = 股价 / 每股净资产

为了让读者更容易理解 PE 和 PB 这两个指标的含义，我们继续用南瓜西餐厅作为案例说明，假设南瓜 A 店和南瓜 B 店的股本、净资产、盈利情况如表 5-2 所示。

表 5-2　南瓜西餐厅 A 店和 B 店的股本、净资产、盈利情况

南瓜西餐厅集团	A 店	B 店
总股份	100 股	100 股
每股价格（万元）	1	2
净利润（万元）	20	20
净资产（万元）	100	200
每股净资产（万元）	1	2
每股收益（万元）	0.2	0.2
市盈率（PE）	5	10
市净率（PB）	1	1

到底市净率和市盈率哪个指标更能反映一家公司的投资收益率？我们把参与一家公司的股份投资情况简化一下。

（1）假设有两家南瓜西餐厅，他们都需要向 100 个股东募集 100 股；

（2）两家餐厅募集到的资金在一年内全部投入成为这两家餐厅的净资产（比如用来买商铺、买桌椅等）；

（3）假设一年后这两家餐厅均赚到了 20 万元的净利润。

除了以上三点假设外，南瓜西餐厅 A 店和 B 店所不同的是：A 店一共向 100 位股东募资了 100 万元，即每股股价 1 万元；而 B 店则由于自身的经营需要，需要向 100 位股东募资 200 万元，即每股股价 2 万元。

我们已假设这两家南瓜西餐厅均把从股东募资到的资金全部投入餐厅并转化为净资产，则这两家店的市净率是相同的，都为 1；但由于两家餐厅股价有区别，南瓜 A 店的 PE 为 5，而南瓜 B 店的 PE 为 10，也就是说南瓜 A 店更符合"价优"这个神奇公式的评价指标。其实从逻辑上分析也比较简单，因为南瓜 A 店和 B 店经过一年的经营都赚了 20 万元，但是 B 店需要股东的投入是 A 店的 2 倍，因此从投资者的角度看，应该更愿意选择只要投入 1 万元就能赚同样钱的 A 店。

因此，合理建议神奇公式使用 PE 来作为投资收益率的衡量标准。

5.2　公司业绩的持续性问题

通过本章 5.1 的讨论，我们知道了如何通过参数来挑选"质优价低"的公司股票，但对神奇公式还有另外一些疑问，比如：为什么要一年换一次我们的持仓股票呢？

这个问题的答案也很简单，因为一家公司今年的投资回报率高不等于明年或者未来的投资回报率都高。我们可以用一个例子来简单说明一下：假设我们去年在五山路开了一家南瓜西餐厅，该西餐厅的经营情况还不错，一年下来投资回报率有 30%，投资回报率还不错，但是否就可以以此来说明明年也能获得这样好的回报呢？回报率的维持至少会受到以下基本因素影响。

（1）**市场竞争**：可以想见，如果在五山路开了一家西餐厅，有了 30% 的不俗投资回报率，那么必定会有市场竞争者的出现，比如会有一些社会创业者和学校其他的团体会在附近开一些同样的西餐厅，名字可以是香蕉西餐厅或者豌豆西餐厅，市场供给多了直接的影响就是客源减少，那么我们的南瓜西餐厅在明年的投资回报率可能就会回落到20%、10%甚至亏损，像这种市场竞争的情况是无法提前预计的。

（2）一次性收入或支出：假设南瓜西餐厅五山店去年有30%的投资回报率，但是我们分析这家店的收入构成后发现，它有那么高的投资回报率是因为去年卖掉了一台古典咖啡机。类似这种一次性的"飞来横财"是不可持续的，也就是说，如果一个企业的投资回报率高，实际上我们应该需要去看看它的收入构成。

（3）负债：如果我们的南瓜西餐厅有一定的银行贷款，那么未来店铺经营还涉及银行的利息和本金偿还，这都会给经营带来压力，因此未来对能否维持目前的投资回报率会有影响。

（4）扩大生产投资：假设我们的南瓜西餐厅今年经营得还不错，明年准备扩大生产，把隔壁的店铺给盘下来，并添加桌椅和投入装修，那么这笔资金将会有一部分来自我们获得的利润，抛开明年扩大生产后的盈利如何，至少这笔一次性的投入让明年的投资回报率不确定性增加。

当然，影响我们餐厅明年业绩的因素还有很多，比如核心人员的离职、学校政策等。我们从以上的例子可以看出，一家店铺的经营很多时候有一定的阶段性，今年经营得好不代表明年也好。因此神奇公式的作用就是让你每年都用合适的价格去购买去年业绩还不错的股票，并且需要一年更换一次，以降低企业良好业绩无法长期维持的问题。

5.3　关于分散持仓

本书在前面的章节中，解释了神奇公式选择"质优价低"的公司能长期跑赢指数的原因，同时也解释了"质优价低"最好的评价标准是通过 ROA 和 PE 两个参数。但可能还会有读者问，为什么要分散持仓到 20 ～ 40 个股票组合中呢？

我们现在解释一下分散持仓的优点。先来探讨一个问题：神奇公式有没有可能买中乐视网（300104）？

5.3.1 避免选出"妖股"

从 2012 年创业板牛市开始，乐视网就是著名的"妖股"，从 2012 年最低 14.10 元曾经涨到 2015 年 179.03 元，涨幅超过 10 倍。但是由于不断传出经营问题和融资出现困难，公司股票一路下跌，最低跌到了 2019 年的 1.65 元，甚至有退市的风险，如图 5-1 所示。

图 5-1　乐视网 2012—2015 年股票走势像坐"过山车"

如果一个股民长期持有该股票可能就会出现类似坐"过山车"之类的心跳感觉，2012 年股票走出一轮大牛市自然很开心，但是到了 2015 年牛市破灭，股市市值跌了 99% 以上，不仅仅是梦破灭了，所有的本金也基本亏得一塌糊涂。作为"马后炮"，我们虽然到后来知道乐视网是一家不靠谱的题材公司，但是作为投资者，我们最关心的是我们会不会因为乐视网股票前期的优秀表现从而成为"接盘侠"。乐视网 2012—2014 年的投资回报率和市盈率如表 5-3 所示。

表 5-3　乐视网 2012—2014 年的投资回报率和市盈率

年　份	2012	2013	2014
ROE	11.88	17.93	15.27
ROA	8.13	5.87	1.86
PE	40.45	127.75	74.76

从表 5-3 中的数据看，按照神奇公式的原则，要在 2012—2014 年从 A 股 3 000 只股票中选中乐视网这只"妖股"，是基本不可能的。原因是乐视网的 ROE 看上去还不错，但是 PE 实在高得离谱，这符合所有的"炒概念"股票的特性——业绩一般，股价超高。这明显不符合神奇公式"质优价低"的选股原则。而且，对比乐视网的 ROE 和 ROA 可以发现，乐视网的 ROA 比 ROE 在这 3 年都低很多。在本章 5.1 中我们解释过，ROA 代表包含负债的总资产收益率，如果和 ROE 相差过大，就说明这家公司负债率较高（当然也不完全只受负债影响）。因此，该公司业绩稳定性需要谨慎考量，因为该公司涉嫌借债提升业绩数据。

本节中提到乐视网也只是我们说明神奇公式选股特性的一个案例。如果我们把这个案例再深入推进一步，假设 2012—2014 年整个 A 股只有 3 只股票——乐视网、网宿科技、光环新网，除了乐视网之外，其余两家公司的指标如表 5-4、表 5-5 所示。

表 5-4　网宿科技 2012—2014 年的投资回报率和市盈率

年　份	2012	2013	2014
ROE	12.88	23.61	34.87
ROA	11.67	20.67	20.67
PE	36.14	56	31.62

表 5-5　光环新网 2012—2014 年的投资回报率和市盈率

年　份	2012	2013	2014
ROE	4.83	4.4	6.15
ROA	2.93	2.93	5.21
PE	46.96	80.44	114.95

如表5-3、表5-4、表5-5所示，如果A股在那3年只剩下了3只股票，而我们又需要买入其中1只并持有一段时间的话，我们一定会毫不犹豫地买入网宿科技这家公司。原因很简单，如表5-4所示，网宿科技的ROE和ROA均表现不俗，每年都有增长的趋势，并且两个指标相差不大，说明公司负债情况要比乐视网乐观好多。另外，从PE指标上看，虽然经历了2012—2014年的创业板牛市，其PE一直保持平稳，并且在2014年还下降了31.62倍，说明公司的业绩实际上是跟随着股价在增长，符合一家优秀公司的标准。

光环新网的表现如表5-5所示，这家公司无论ROE和ROA都不高，说明该公司投资回报率不佳（在当年创业板的平均回报率以下），而随着创业板进入牛市，该公司股价一路走高，因此PE也一路增长。光环新网这家公司除了业绩稳定外，并不符合"质优价低"的神奇公式要求。

本小节的例子说明神奇公式从机制上杜绝了选出A股的炒概念"妖股"，但是事有凑巧，万一神奇公式还是因为其他不确定原因选到了不靠谱企业股票的话怎么办？

俗话说："鸡蛋不要放在一个篮子里。"这句话其实是告诉投资者不要将所有的资金都投资于同一只股票。毫无疑问，为了降低投资的风险，投资者应该分散持仓。然而，分散持仓虽然降低了投资风险，但是否也有可能降低了整个投资组合的回报？

分散风险的"篮子"应该有以下两层含义。

（1）"篮子"的数量应该要足够多。这意味着投资者买入的股票要有一定的数量，从而避免遇到某只股票"黑天鹅"的风险。

（2）"篮子"的材质也要多种。这意味着投资者买入的股票行业要分散，从而避免整个行业的"黑天鹅"风险。

当然，要注意的还有"篮子"放置地点要分散，即投资者投资股票的市场要分散，比如需要投资A股、美股、港股甚至债券和房地产等，这种跨市场的分散投资方式我们将在第7章讨论。我们先来看看上面提到的两种投资分散风险方式的特性。

5.3.2　避免单一投资"黑天鹅"

"不要全仓买入同一只股票"这个逻辑并不是一个太新鲜的观点，前文提到，如果全仓买入了乐视网的股票，持有到现在已经亏损了99%（注：2020 年 5 月 14 日，深交所对乐视网股票作出终止上市决定），只能用"欲哭无泪"来形容。虽然神奇公式选中乐视网这类公司的概率比较小，但是单一投资的风险还是需要警惕。我们来看这两年发生的一个案例：原本大家认为的上市公司债券是风险较低的投资标的，但是 2019 年 5 月，宁波有人买了中泰证券代销的 5.5 亿元私募产品，投资标的是债券，结果该债券不幸暴雷，无法兑付。此人索要本息无果，于是打算 6 月 5 日在北京开发布会披露这件事，这个大户买的是一家名叫冠石资产管理有限公司的私募产品，由于此人本身的资金量很大，所以是专人定制类产品，客户只有他一人。此人最后有没有把钱追回来我们不得而知，但是这个大户把所有的钱都放在了一个资产管理"篮子"里的做法，实际上犯了没有分散风险的投资大忌。

假设该大户懂得分散投资的概念，适当地把自己的 5.5 亿元资金合理地配置到股票、债券、房产、海外基金等之上，那么出现"黑天鹅"的概率就会减少，也不至于血本无归。

可能也有一部分的读者会问，我们是否可以根据神奇公式的原则，比如通过研究财报，进行各种行业分析，上市公司交流等方式精选出几家"质优价低"公司，然后持有并定期轮换呢？

答案是肯定的。神奇公式的原则是选择"质优价低"的公司，通过 PE 和 ROA 两个指标挑选出 20 只股票定期轮换只是个操作方法的问题。但问题是，对于大多数的股市散户来说，阅读财报、与上市公司交流等方式的门槛太高了。即使是专业的机构，也会对优质公司有所误判。比如东阿阿胶（000423）一直被机构认为是蓝筹白马股票，由于阿胶是山东特有的产品，被称为"药中茅台"，企业有一定的"行业护城河"，并且根据机构预测，市场规模每年都以 10% ～ 20% 的速度在增长，如图 5-2 所示。

图 5-2 中国阿胶市场规模及增速

与该公司行业规模不断扩大相对应的是，2008—2018 年这十年间，如图 5-3 所示，东阿阿胶营业收入从 16.86 亿元增长到 73.38 亿元，规模扩大接近 4 倍，净利润也从 2.96 亿元增长到 20.87 亿元，复合增长率达 21.56%。据不完全统计，2006 年至今，东阿阿胶共提价 19 次，2006 年为 40 元 / 斤，至 2018 年末最近一次提价已超过 3 000 元 / 斤，价格增长 75 倍。

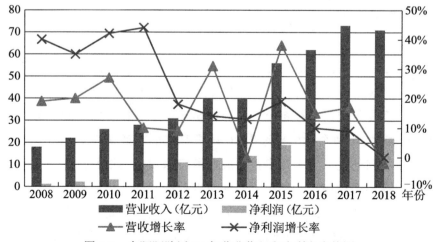

图 5-3 东阿阿胶近 10 年营业收入和净利润走势图

但是，无论从财报上还是从市场前景分析上都一片光明的东阿阿胶，2019 年 7 月 15 日公告的上半年业绩暴雷，盈利范围仅为 1.81 亿～ 2.16 亿元，同比下降 75% ～ 79%，去年上半年营收为 8.62 亿元，东阿阿胶股价也从最高 73 元一路下跌到 31 元，如图 5-4 所示。对于业绩大幅下跌，东阿阿胶的解释是市场对于阿胶价值的回归预期逐渐降低以及下游传统客户主动削减库存，但事实是东阿阿胶这几年的涨价策略彻底让公司放弃了庞大的"下沉市场"，使阿胶变为高端消费产品。近 10 年来，东阿阿胶的阿胶系列产品毛利率稳步提升，到 2018 年再创历史新高，达到 74.98%。高价"吞噬"销量，盈利能力下滑已成既定事实，东阿阿胶定价高位就意味着已经放弃了三、四线城市的下沉市场。在搭上"消费升级"快车的日子里，东阿阿胶规模不断扩大，赚得盆满钵满，只是如今消费者回归理性之后，提价已经无法带来更高的利润，而此前中低端市场也早已被其他公司占据，考虑降价恐怕不仅抢不到下沉市场还可能丢了高端市场。

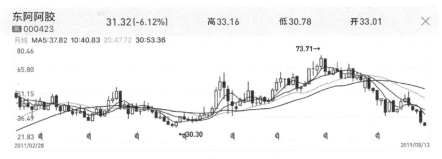

图 5-4　东阿阿胶股价走势

　　东阿阿胶的例子给了我们一个精选个股失败的案例，假如你是非常高明的散户或者机构投资者，即便你分析出中国阿胶行业市场的广阔，而东阿阿胶也是一家质优的企业，股价也不高，符合"质优价低"的公司要求。但是由于我们一般的投资者无法判断一家公司的未来战略是否能迎合市场，因此还是可能会错判一家公司未来的业绩。

　　结合本节上文所述，假如你不懂得分散投资的原则，把全部的钱都投入了一家大家都认可的蓝筹公司，那你的财产也是有腰斩风险的。神奇公式所采用的选股方式是参考这家公司去年的 ROA 和 PE 指标，即用上一年的公司经营作为选股依据，因此，这种选股方式也存在错判企业未来业绩的风险。因为一家今年盈利情况良好的公司，可能会由于经营者的错误判断及市场的变化，而让该公司陷入困境，正如东阿阿胶的案例一样。因此神奇公式用分散持仓的方式买入 20 ～ 40 只符合条件的股票，可以极大程度地降低暴雷风险。

5.3.3　避免行业"黑天鹅"

为了说明需要分散行业持仓分担风险的重要性，我们选取了2013—2017 年的五组股票型公募基金进行对比，其中基金 1 的集中度最高，该基金持有同一个行业的公司股票比例最高，基金 5 的集中度最低，该基金分散行业持仓，我们将从收益率、波动率、最大回撤三个方面来对比一下行业集中度高低对一个股票投资组合的影响，如图 5-5 所示。

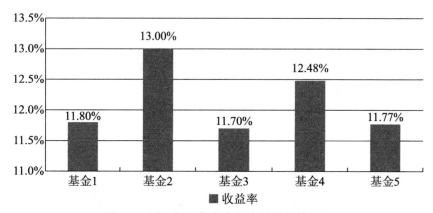

图 5-5　不同行业集中度基金的年化收益率

总体上来看，图 5-5 所示的五组基金，无论集中度高低、收益率差别都不大。相比来说，相对集中持仓的基金 2 收益率最高，说明集中行业持仓能获得一段时间较高的收益。

如图 5-6 所示，五组基金不管行业集中度如何，波动率都相差不大。但是集中度较高的基金 1 和基金 2 波动率还是比其他三个基金要高，说明集中度高的投资组合有着较高的波动风险。

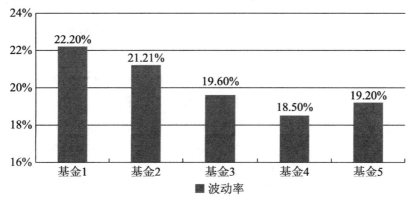

图 5-6　不同行业集中度基金的波动率

最后再来看看最大回撤对比，如图 5-7 所示，行业集中度的影响和最大回撤呈明显的负相关性，表明行业集中度越高的基金，其最大回撤越大，而行业集中度较为分散的基金，在回撤的时候表现较好。

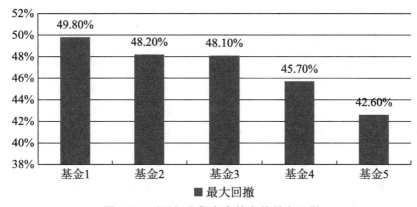

图 5-7　不同行业集中度基金的最大回撤

总结本小节分析行业集中度和收益率、波动率、最大回测的关系：虽然行业集中持股的投资组合有时候会让你在股市上涨中获得较高的收益率，但是分散持股，特别是分散行业持股，有利于降低组合的波动性和回撤，更能抵抗行业"黑天鹅"风险。

所以，请忘记个股投资，不要独立选择个股，我们要承认自己对市场信息的无力性。神奇公式只是利用了上一年的收益情况，它并没有进行任何的预测，甚至也没有进行任何的思考。对于单个公司来说，上一年的收益不能反映今年的业绩情况，但是平均而言，如果采用分散持仓 20 ～ 40 只股票的方式，上一年的收益通常能对未来的正常收益提供很好的预测。

当然，如果你坚信自己分析上市企业的能力，也可以选择一种折中的方式：使用神奇公式先挑选出 50 ～ 100 家企业，然后再通过自己优秀的分析能力，从中挑选出 10 ～ 20 家优质公司，然后每年用同样的方式更换持仓。使用该方法 5 年后，欢迎你再来和神奇公式进行收益率对比，看看效果是否更好。

5.4 价值投资者和趋势投资者

A 股一直以来流传着一套"遛狗理论"：股市中的价值和价格的关系就像遛狗时人和狗的关系，价格有时高于价值，有时低于价值，但迟早会回归价值。就像遛狗时，狗有时会在人前，有时会在人后，但一般不会离人太远。遛狗时人通常缓步走，而狗有时在前面，有时在后面，这就是股价的波动，是价格与价值偏离的对照。

市场参与者存在着各种投资偏好，比如价值投资者喜欢追着人（价值）跑，趋势投资者喜欢观察狗（价格）跑的方向来决定自己的行动。中国 A 股和美国股市相比最大的特点就是狗的绳子特别长（价格经常远远地偏离价值），以至于大部分的股票投资参与者都会经常怀疑，这条维系着价值和价格的绳索是不是早就已经断了，比如 2015 年的创业板牛市，整个板块市盈率曾经到达过 100 倍，即创业板里面的所有企业每年的利润都要翻倍才配得上股票的价格，感觉好像狗已经挣脱绳索离开主人向着前方一路狂奔；而从 2011 年到 2013 年，上证指数的市盈率一直徘徊在 10 倍左右，股民在这几年已经开始怀疑股市存在的价值，好像狗一直在主人脚边来回踱步，需要主人时刻关爱，如图 5-8 所示。

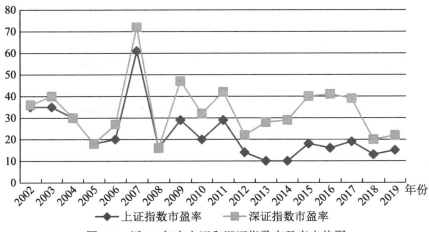

图 5-8　近 17 年来上证和深证指数市盈率走势图

但是无论如何，价值和价格之间的关系只会迟到不会不到，2015
年的股灾和2014年的牛市都说明了价值和价格之间的绳索一直存在，
对于股民来说只是无法确定这条绳索的长度。因此，在市场中存在的
不同风格的投资者和对市场有效性的怀疑者，让我们的"市场先生"
的情绪变得非常不稳定。

中国股市还有另外一个现实——股市底部都是价值投资者买出来
的。由于我们的"市场先生"情绪经常不稳定，当他负面情绪战胜理
性的时候，趋势投资者大量抛售手中的股票，股市的价值就显现了。
这时候，价值投资者和上市公司因为了解企业的价值就会逐步买入该
公司的股票，从而使得股价底部显现。如本书第 1 章南瓜西餐厅的例
子，一家上市公司所发行的股票并不是只有上下浮动的价格意义，股
票代表的是现实公司中的股东权益，任何人购买了公司的股份，就意
味着拥有了公司的一部分权益。因此，公司的股东权益本身所代表的
价值必然会吸引聪明的价值投资者和上市公司入场购买低估的公司股
票，这也是价值投资者买出股市底部的原因所在。但是需要指出，公
司股票的底部，价格回归价值，可能要 1 年、5 年甚至 10 年，这种价
值回归的时间是无法确定的，因此投资者需要给予价值回归调整到位
的时间。

为什么神奇公式可以战胜情绪不稳定的"市场先生"？是因为市场中大部分的投资者都是趋势投资者，相信价值投资和神奇公式的这种投资理念的人还是太少了。假设我们整个市场的投资者都是理性的，且大部分都选择使用各种价值投资的方法，或者都直接采用神奇公式，那么神奇公式很可能会失效，并极大可能无法战胜市场指数。

也许还有一部分人观察了神奇公式一两年发现没有效果就放弃了，因此，本书对神奇公式大量地描述，也是希望能增加读者对"质优价低"公司的投资理念，一定要长期地使用该方法并长期持有股票才能最终战胜市场。

5.5 信任和坚持的作用

乔尔在《股市稳赚》这本书里面说，虽然他向很多人介绍了神奇公式的投资方法，大部分投资者仍不相信这种方法可行，但是也有一部分人抱着试一试的想法选择了相信，但是在使用了神奇公式一段时间后，可能由于那几年神奇公式表现平平，或者投资者又学会了新的投资方法，能坚持使用神奇公式方法的投资者少之又少。

但是，根据乔尔所说："神奇公式创造了我所见过的最好的投资纪录"。乔尔在书中对美国 17 年的数据进行了测试，在 17 年的测试过程中，被神奇公式选中的股票大多数都能跑赢市场，但是也有 1～3 年整体跑不赢市场的情况，这和我们本书前文所做的 A 股测试情况类似。这给投资者带来了风险，因此有许多投资者放弃了这种投资方法。

但是根据乔尔对 17 年数据的回测可以看到，如果用一年期作为投资刻度，平均来说，神奇公式每 4 年有一次低于市场平均水平的表现，但是如果用 3 年期测试，那么神奇公式组合中 95% 都能跑赢市场并居于前列。简单地说，根据乔尔的建议，如果你能坚持遵循神奇公式，用 3 年作为投资的最小时间周期（即至少采用神奇公式持股 3 年以上），那么从过去 17 年的数据中可以得知，你基本能跑赢市场！根据我们本书的分析可以得到同样的结论。

因此，乔尔建议，虽然要坚持神奇公式的方式投资很不容易，但是请至少坚持 3 年以上，如果能坚持 5 年、10 年、20 年则更佳。

"坚持就是胜利，"乔尔在书中说。

本 章 小 结

本章用了比较长的篇幅讲解使用神奇公式需要注意的一些事项，比如到底怎么去定义投资回报率和收益率、到底是使用 ROA 还是 ROE 更合适神奇公式、PE 和 PB 如何反映一家公司的资产质量、为什么要分散持仓等问题。

之所以要那么仔细地去回答使用神奇公式的方法细节，目的是让读者能更深刻地理解神奇公式发挥作用的内在逻辑，并且希望通过对这些问题的解答，让读者更能明白坚持价值投资的信念，长期坚持使用神奇公式的方法进行投资。

信任和坚持，就是使用神奇公式投资方法最需要注意的事项。

第6章 ————————

神奇公式的改进方法研究

从本书前几章论述中，我们可以得出结论，神奇公式不仅在美股的表现如同乔尔·格林布拉特说的那样有效，而且在 A 股中的应用效果依然让人惊喜。读者们如果能坚持使用神奇公式的方法投资，就应该可以获得很理想的投资收益。但是，本书作为一本深入研究神奇公式的著作，依然需要继续探索一个问题：还能对神奇公式进一步改良从而让效果更好吗？

在本章，我们将通过不同的神奇公式改进思路，并使用数据回测的方式来验证各种方法的改进效果，供读者参考。

6.1 预判牛熊买入卖出策略

首先能想到的一个最简单地改进神奇公式的方式是：既然 A 股是一个牛短熊长的市场，那么能否减少持有的时间，选择在牛市来临的时候持有股票，在熊市来临的时候卖出股票？如果要达到预判牛熊来确定持有股票时长这个目标，我们肯定是需要通过一些参数来判断，到底现在 A 股处于什么一个市场状态。以下是 4 种判断牛熊的持股方式。

（1）通过神奇公式的平均市盈率来判断是牛市还是熊市；

（2）通过神奇公式的平均总资产收益率来判断是牛市还是熊市；

（3）通过市场平均市盈率来判断是牛市还是熊市；

（4）通过股市点位来判断是牛市还是熊市。

以上 4 种预判牛熊的方式只是预判牛熊方法的一部分，至于效果如何，我们将逐一研究。

6.1.1　通过神奇公式平均 PE 来判断牛熊

本书第 3 章和第 4 章对 A 股多个牛熊的周期进行了详细分析，从分析中可以看到，牛市来临的时候，神奇公式能选出的市盈率比较低的股票个数会明显减少。因此，通过神奇公式的 PE 来判断牛熊似乎是一条可行的办法。由于 A 股的特性就是牛短熊长，有时候整个股市的市盈率可以处于很低的位置很多年，有时候股市的牛市情绪让 PE 上涨成"地球顶"。A 股 25 年的神奇公式平均市盈率如图 6-1 所示。

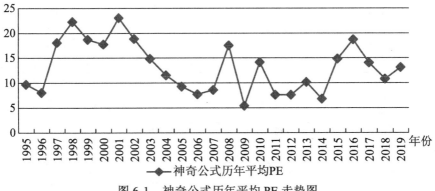

图 6-1　神奇公式历年平均 PE 走势图

如图 6-1 所示，通过神奇公式选出的股票组合 25 年平均市盈率为 13.16，选出了估值比较低的企业。但是，也有某几个年份 PE 非常高的情况，比如 1998 年、2001 年，PE 都超过了 20。而我们所熟知的 2008 年蓝筹股牛市，当年神奇公式的 PE 为 17.531；而 2016 年创业板牛市，神奇公式选出的股票平均市盈率为 18.71。由于神奇公式选股时采用的是上一年的 PE，因此大家会看到神奇公式选出的公司的平均 PE 较高。

下面我们就来当一次"马后炮"，因为大家已经知道 1999 年、2007 年和 2015 年牛市结束之后股市都"一片狼藉"，理论上均不应该持股。假设我们的目的是要选择在这些时间点卖出股票，则可以把神奇公式的 PE 简单地设置一道门槛，比如当 PE 大于 17 的时候，我们就选择在下一年卖出所有的股票；而当 PE 小于某个阈值的时候，比如 PE 小于 10 的时候，我们再把股票按神奇公式的选股策略买回来。现在来看这种操作策略是否比原版的神奇公式更优。25 年的神奇公式持仓情况和收益率如表 6-1 所示。

表 6-1　神奇公式在 PE 大于 17 卖出，PE 小于 10 买入策略下的持仓情况和收益率

年　份	持仓操作	神奇公式	上证指数
1995	持仓	2.84%	−13.66%
1996	持仓	277.05%	66.18%
1997	卖出	0	31.29%
1998	空仓	0	−4.67%
1999	空仓	0	19.58%
2000	空仓	0	51.83%
2001	空仓	0	−20.90%
2002	空仓	0	−18.02%
2003	空仓	0	10.76%
2004	空仓	0	−15.55%
2005	买入	−19.79%	−7.70%
2006	持仓	110.10%	134.57%
2007	持仓	267.54%	93.00%
2008	卖出	0	−64.88%
2009	买入	122.20%	79.98%
2010	持仓	35.51	−14.31%
2011	持仓	−26.20%	−21.68%
2012	持仓	71.91%	3.17%
2013	持仓	6.90%	−6.75%
2014	持仓	60.68%	52.87%
2015	持仓	43.51%	9.41%
2016	卖出	0	−12.31%
2017	持仓	26.85%	6.56%
2018	持仓	−30.86%	−21.33%
2019	持仓	19.84%	20.34%
总收益	神奇公式市盈率策略	神奇公式	上证指数
	23 770.40%	26 811.84%	499.11%

我们原本预想的是，在牛市的时候离场，熊市的时候入场，通过这种取巧的方式可以获得较高的收益。但是表 6-1 中的测试结果显示，改进后的收益率实际上还不如我们原版的神奇公式收益率理想。神奇

公式改进后效果不及预期,主要是因为在熊市周期空仓,实际上错过了持有优质公司的机会,在熊市和牛市转换的期间,我们的改进方案错过了优秀公司反弹的收益率。

考虑到收益不及预期的原因是因为改进方案持仓时间过短,我们再看采用 PE 大于 17 卖出,PE 小于 10 买入这个参数阈值设置是否太过宽泛。为了增加持仓时间,尝试这样的持仓策略:当 PE 大于 17 的时候就卖出,当 PE 小于或等于 17 的时候就买入。改进后的神奇公式持仓和收益情况如表 6-2 所示。

表 6-2 神奇公式在 PE 大于 17 卖出,PE 小于或等于 17 买入策略下的
持仓情况和收益率

年 份	持 仓 操 作	神 奇 公 式	上 证 指 数
1995	持仓	2.84%	−13.66%
1996	持仓	277.05%	66.18%
1997	卖出	0	31.29%
1998	空仓	0	−4.67%
1999	空仓	0	19.58%
2000	空仓	0	51.83%
2001	空仓	0	−20.90%
2002	空仓	0	−18.02%
2003	买入	27.58%	10.76%
2004	持仓	−18.47%	−15.55%
2005	持仓	−19.79%	−7.70%
2006	持仓	110.10%	134.57%
2007	持仓	267.54%	93.00%
2008	卖出	0	−64.88%
2009	买入	122.20%	79.98%
2010	持仓	35.51	−14.31%
2011	持仓	−26.20%	−21.68%
2012	持仓	71.91%	3.17%
2013	持仓	6.90%	−6.75%
2014	持仓	60.68%	52.87%
2015	持仓	43.51%	9.41%
2016	卖出	0	−12.31%
2017	买入	26.85%	6.56%
2018	持仓	−30.86%	−21.33%
2019	持仓	19.84%	20.34%
总收益	神奇公式市盈率策略	神奇公式	上证指数
	24 725.01%	26 811.84%	499.11%

表 6-2 显示，即使我们放宽了 PE 的阈值，增加了持仓时间，但是改进后的神奇公式的收益率依然不如原版的神奇公式。我们再来测试几组 PE 作为牛熊判断的参数，看看改进后的神奇公式的表现，如表 6-3 所示。

表 6-3　不同的 PE 持仓策略下，神奇公式的收益率

参　　　数	收　益　率
神奇公式（原版）	26 811.84%
PE 大于 17 卖出，PE 小于 10 买入	23 770.40%
PE 大于 17 卖出，PE 小于或等于 17 买入	24 725.01%
PE 大于 18 卖出，PE 小于或等于 18 买入	15 787.17%
PE 大于 18 卖出，PE 小于 10 买入	10 784.27%
PE 大于 14 卖出，PE 小于 10 买入	13 936.80%
PE 大于 14 卖出，PE 小于或等于 14 买入	7 856.15%
PE 大于 15 卖出，PE 小于 10 买入	18 885.75%
PE 大于 15 卖出，PE 小于或等于 15 买入	20 823.97%
PE 大于 20 卖出，PE 小于 10 买入	16 689.01%
PE 大于 20 卖出，PE 小于或等于 20 买入	31 093.37%
PE 大于 20 卖出，PE 小于 18 买入	27 856.38%

通过尝试不同的 PE 参数可以发现，如表 6-3 所示，采用 PE 大于 20 作为牛市卖出策略是最优策略，可以跑赢我们原版的神奇公式。原因是 PE 如果大于 20，可以在 1998 年和 2001 年选择卖出股票，从而避免了这两年股票回调，但是 PE 大于 20 这个策略没有逃开 2008 年和 2015 年牛市之后的股票暴跌。但是如果把 PE 门槛设置得太低，又会减少股票的持仓时间，从而无法跑赢我们原版的神奇公式。

由于我们现在是知道了牛市和转换的时间点再去调整我们的神奇公式的市盈率阈值持仓策略，因此虽然改进方案有一定的效果，但是效果并不是非常明显和实用。

6.1.2　通过神奇公式平均 ROA 来判断牛熊

既然可以用神奇公式的 PE 来判断牛市或者熊市，我们很自然地

会联想到另外一个方案：能否通过神奇公式的平均 ROA 来作为参数判断牛熊市呢？或许股市中的走势和公司的投资收益率存在某种正相关或者负相关的关系呢？

如表 6-4 所示，从 25 年神奇公式挑选出的企业平均 ROA 来看，挑选出的企业在 1999 年、2007 年和 2015 年这几年牛市阶段的平均 ROA 分别为 17.97、26.16 和 26.31，与全部企业 25 年平均 ROA 为 26.13 没有明显的差别，如图 6-2 所示。因此可以得出结论，ROA 与 A 股市场牛熊没有明显的相关性，因此无法用来判断牛熊市。

表 6-4　A 股 25 年平均 ROA

年　份	神奇公式平均 ROA
1995	20.19
1996	18.9
1997	19.18
1998	17.72
1999	17.97
2000	14.58
2001	17.52
2002	14.87
2003	15.46
2004	18.32
2005	23.43
2006	18.95
2007	26.16
2008	49.07
2009	36.82
2010	33.39
2011	31.93
2012	46.15
2013	35.27
2014	39.66
2015	26.31
2016	25.9
2017	25.94
2018	29.09
2019	30.59
整体平均 ROA	26.13

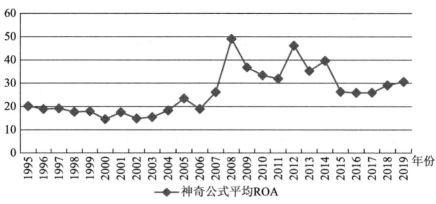

图 6-2　神奇公式 A 股近 25 年平均 ROA

如图 6-2 所示，从神奇公式选出的企业平均 ROA 看，从 2007 年开始，ROA 明显有所改善，平均 ROA 为 33.56，高于 25 年平均 ROA 的 26.13。2007 年开始，神奇公式选出的股票组合 ROA 增加，也从侧面证明了中国企业从 2007 年开启"黄金 10 年"的说法。在"黄金 10 年"内，企业的投资回报率有明显的改善，每年都会出现 ROA 超过 30 的优秀企业和行业龙头。

6.1.3　通过市场平均 PE 来判断牛熊

本章 6.1.1 中提到，通过神奇公式的平均 PE 来判断牛熊这种方法是有效的。但是从上文的数据回测中我们也发现，神奇公式的 PE 似乎不太能反映市场的整体牛熊情况。因此我们需要调整思路，如果通过整个市场的平均 PE 来判断牛熊市，从而指导神奇公式买入和卖出策略的效果将会如何呢？

如表 6-5 所示，A 股 25 年来平均 PE 为 32.77，整体上估值还是偏高的，主要原因是深证的平均 PE 一直高于上证。另外，A 股整体市场容量并不大（50 万亿元左右），上市公司数量并不多（3 000 家左右），由于 A 股企业稀缺，因此一直处于高估值状态。如果按格雷厄姆等美国投资大师所认为的整体市场平均 PE 大于 20 的市场就是被高估的市场，那么似乎这种判断在 A 股这种长期高估的市场并不适用。

表 6-5　A 股 25 年平均 PE（包含上证和深证）

年份	1995	1996	1997	1998	1999	2000	2001
A 股平均 PE	18.97	19.44	59.64	46.27	38.09	58.42	63.01
年份	2002	2003	2004	2005	2006	2007	2008
A 股平均 PE	35.11	38.92	38.91	23.43	18.95	38.54	55.07
年份	2009	2010	2011	2012	2013	2014	2015
A 股平均 PE	18.82	33.39	32.93	17.01	17.37	19.57	26.31
年份	2016	2017	2018	2019			
A 股平均 PE	25.99	31.54	27.09	16.44			
A 股 25 年 平均 PE	32.77						

我们已经知道 1997 年、2000 年、2008 年和 2015 年是几轮牛市的顶点，从"马后炮"的角度看我们应该卖出股票。而从表 6-5 中的数据看，1997 年的平均 PE 为 59.64，2000 年为 58.42，2008 年为 55.07，2015 年为 26.31。可以看出，几轮牛市顶点，除了 2015 年外，平均 PE 均大于 50，因此我们可以把 PE 大于 50 作为判断牛市的参数，效果如表 6-6 所示。

表 6-6　通过市场平均 PE 持仓的神奇公式收益率统计

参　　　数	收　益　率
神奇公式（原版）	26 811.84%
PE 大于 50 卖出，PE 小于或等于 50 买入	30 414.73%
PE 大于 50 卖出，PE 小于 30 买入	25 065.88%
PE 大于 50 卖出，PE 小于 40 买入	29 102.22%
PE 大于 40 卖出，PE 小于或等于 40 买入	29 102.22%
PE 大于 40 卖出，PE 小于 30 买入	41 942.74%

如表 6-6 所示，从回测的效果来看，把市场平均 PE 作为判断牛市的参数效果还是比较明显的。如果在 A 股平均 PE 大于 50 的时候卖出股票，然后在 PE 小于 50 的时候选择使用神奇公式来持仓，那么 25 年

总收益率在 304 倍左右，跑赢了原版的神奇公式。另外，我们还测试了其他几组参数，如表 6-6 所示。通过比对发现，使用 A 股平均 PE 作为牛熊的判断依据的话，跑赢神奇公式的机会还是比较高的。特别是如果"PE 大于 40 卖出，PE 小于 30 买入"的话，由于完美地躲开了 2000 年前后几年的大熊市，25 年收益率达到了 419 倍，效果明显。

简而言之，通过 A 股平均市盈率作为判断牛熊的依据，再选择性地使用神奇公式来持仓，可以明显改善我们神奇公式的收益率。

6.1.4　通过股市点位来判断牛熊

相信部分读者会想到，还有一种更简单的预判牛熊的方法：通过上证指数的点位来判断牛熊。相信大部分的散户都觉得 A 股有这样的规律：如果在 2 000 点左右买入股票，在 4 000 点左右卖出，就一定能赚钱。下面我们就一起来看看通过点位来判断牛熊的方法，是否适用于我们的神奇公式改进方案。

由于神奇公式每年都要更换一次持仓，而上证指数的点位在一年中是波动的。这里我们假设，每年更换持仓在大部分公司年报公布后的 6 月 1 日，以 6 月 1 日的上证点位作为牛熊市的判断依据。A 股 25 年 6 月 1 日的上证点位如表 6-7 所示。

表 6-7　A 股 25 年上证指数点位统计（每年 6 月 1 日）

年份	1995	1996	1997	1998	1999	2000	2001
上证指数	700.51	643.65	1 285.18	1 411.21	1 279.33	1 894.55	2 214.26
年份	2002	2003	2004	2005	2006	2007	2008
上证指数	1 515.73	1 576.26	1 555.91	1 060.74	1 641.3	4 109.65	3 433.35
年份	2009	2010	2011	2012	2013	2014	2015
上证指数	2 632.93	2 592.15	2 743.47	2 372.23	2 300.6	2 039.21	4 611.74
年份	2016	2017	2018	2019			
上证指数	2 916.62	3 117.18	3 095.47	2 898.7			
A 股 25 年上证指数平均点位	2 225.68						

表 6-7 统计了 A 股 25 年来 6 月 1 日的点位平均在 2 225.68 点。2007 年和 2015 年上证指数突破了 4 000 点大关；在 1996 年、1999 年这些牛市年份，上证指数的点位并不高，只在 1 000 点左右；而从 2008 年后，上证指数在 2 000 ～ 3 000 点左右徘徊。从 A 股 25 年的上证点位统计中，似乎无法找出 2 000 点是牛熊分界的依据，数据统计又一次证明了真理并不掌握在大多数散户手中。

即使 2 000 点不是牛熊的分界线，我们仍依然想尝试通过点位是否能预判牛熊，因此做了以下几组不同的上证点位持仓神奇公式收益率对比，如表 6-8 所示。

6-8   不同的上证点位持仓神奇公式收益率对比

参　　　数	收　益　率
神奇公式（原版）	26 811.84%
上证大于 4 000 点卖出，上证小于等于 4 000 点买入	4 748.14%
上证大于 4 000 点卖出，上证小于 3 000 点买入	11 933.02%
上证大于 3 000 点卖出，上证小于等于 3 000 点买入	13 606.00%

从表 6-8 的收益率对比结果来看，通过点位来判断神奇公式的持仓时间的方法效果并不理想。原因很简单，因为 A 股上证指数的点位是一个动态区间，每隔一段时间就会抬升一定的比例。本书在第 2 章也曾经分析过，上证指数从 1995 年到 2019 年上涨了 4 倍左右，因此想通过一个固定的上证点位来作为牛熊的分界线，似乎并不够合理。

虽然用上证指数点位这种方法来判断牛熊似乎在一个 25 年的长周期中显得不那么有效，但是我们仍然可以换一个思路，能不能通过时间动态地调整牛熊分界的窗口，从而实现我们预判牛熊的目的？

我们先来分析一下 A 股 25 年来上证指数的几个低点出现的年份以及它们的点位，如表 6-9 所示。

表 6-9   上证指数 25 年来的指数低点及出现年份

年份	1996	1999	2005	2008	2013	2016	2018
上证指数底部	512.82	1 047.83	998.23	1 664.93	1 849.65	2 638.96	2 440.91

表 6-9 所展示的上证指数几个年份底部点位证明了，A 股每 10 年

左右一个周期，且每个周期的底部抬升 160% ～ 190%。因此，2018 年最低点 2 440.91 也大概率是 A 股上证指数近 10 年来的一个底部区域。

下面我们将动态地设置买入卖出的门槛值，选择两组数据进行对比。

动态上证指数买卖方式 1：

（1）2000 年之前，当上证指数大于 1 400 点时，卖出股票；

（2）2010 年以前，上证大于 2 000 点，卖出股票；

（3）2020 年以前，上证大于 3 000 点，卖出股票。

动态上证指数买卖方式 2：

（1）2000 年之前，当上证指数大于 1 000 点时，卖出股票；

（2）2005 年之前，当上证指数大于 1 500 点时，卖出股票；

（3）2010 年以前，当上证指数大于 2 000 点时，卖出股票；

（4）2015 年以前，当上证指数大于 2 500 点时，卖出股票；

（5）2020 年以前，当上证指数大于 3 000 点时，卖出股票。

以上两组动态买卖方式的测试结果见表 6-10。

表 6-10　动态上证指数买卖方式与原神奇公式收益率对比

参　　数	收　益　率
神奇公式（原版）	26 811.84%
动态上证指数买卖方式 1	3 496.06%
动态上证指数买卖方式 2	8 962.09%

表 6-10 的收益率对比展示了动态买卖方式的收益率效果并不理想。究其原因，只能归结于 A 股点位的随机性和无法预测性，哪怕是一个 5 ～ 10 年的长周期。当然，以上两种动态买卖方式的参数仍有优化空间，但通过上证指数点位来预判牛熊的方式应该很难改善神奇公式的收益率。

6.1.5　总结预判牛熊神奇公式效果

经过以上 4 种预判牛熊的神奇公式改进方式的研究，我们得出结论，通过股市平均 PE 来预判牛熊，并选择买入或卖出神奇公式持仓的方式，效果最优。4 种神奇公式的改进方案收益率如表 6-11 所示。

表 6-11 四种预判牛熊的神奇公式改进方式收益率对比

参　　　数	收　益　率
神奇公式（原版）	26 811.84%
通过神奇公式平均 PE 来判断牛熊	31 093.37%
通过神奇公式平均 ROA 来判断牛熊	无效
通过市场平均 PE 来判断牛熊	41 942.74%
通过股市点位来判断牛熊	13 606.00%

最后，我们得出结论，通过预判牛熊的方式来改进我们的神奇公式，是可以达到提高收益率的效果的。但是，我们也不得不承认，我们是预先知道了牛市和熊市再去定义牛熊分界参数的，至于这样的参数未来是否有效，我们也无法证明，只能当作一个参考改进方案。

6.2　动态持仓的改进方式

本书在第 1 章南瓜西餐厅的例子中提到过，是否买入一家公司的股票，除了要看这家公司股票的投资回报率之外，还需要比较当时的整个金融市场的无风险回报率。假如某公司股票的投资回报率为 4%，而市场无风险回报率为 5%，即使我们预期这家公司未来能赚钱，我们也不会考虑投资这家公司的股票。因为作为理性投资者，与其把钱投入这家公司，还不如直接把钱用来买余额宝或者大额定存、国债等。

考虑市场无风险利率的例子给出了改进神奇公式持仓比例的一种选择：可以动态地根据市场无风险利率、股市风险状况甚至资金利用情况来决定自己的持仓策略，并定期地进行动态调整神奇公式的持仓比例。

在本小节中，我们将研究以下几种动态持仓方法对神奇公式的改进。

6.2.1 动态投资持仓法简介

为更好地说明动态持仓方法的效果，我们先来介绍一种比较有名的华尔街"傻瓜投资法"。本书在第 2 章中曾经有过结论：过去 5 年，美国 90% 以上的股票基金都落后于相应的指数，并且 90% 的散户也亏钱。可以这么说，如果你在美国投资股票，还不如直接买美国的指数基金，而且要长期持有才有战胜市场的可能性。"傻瓜投资法"听起来并不十分高级，但是，这是许多华尔街投资人都在长期使用的方法，它的基本原理就是：按一定的比例动态地调整股票和债券的比例，也就是在无风险收益和股票风险收益中选择一个平衡的持仓方法。比如可以通过寿命来作为动态持仓的参数：假定自己的寿命为 100 岁，假设你今年 30 岁，100 减 30 等于 70，那么就将 70% 的钱放在股市上，按每月收入的结余投入指数基金里，其他 30% 的投资放在债券上；如果你今年 40 岁，股市投资减少到 60%，债券增加到 40%，以此类推。

千万别小看这个"傻瓜投资法"，美国主要指数前 30 年平均增长率为 10% 到 12%，而美国 90% 以上的共同基金都达不到这样的回报。傻瓜投资法所持有的股票，其实就是指数基金，比如在美国，就是"S&P500 Index"，指的是被标准普尔选出来的美国 500 家大公司股价所算出来的指数，是衡量美国大市的标杆。

同样，在中国使用"傻瓜投资法"，我们购买股票的对象当然就是 A 股指数基金，如上证 50、沪深 300 等。本书第 2 章曾指出中国指数基金的长期收益率在 7% 左右；而中国的长期无风险利率，我们可以用一年期的国债或者一年期的基准利率作为基准，如表 6-12 所示，我们统一采用一年期的定期存款利率，平均收益率在 3.27% 左右。

表 6-12 中国 25 年无风险利率走势

年份	1995	1996	1997	1998	1999	2000	2001
一年期存款利率	10.98%	9.18%	5.67%	5.22%	2.55%	2.18%	2.08%

续表

年份	2002	2003	2004	2005	2006	2007	2008
一年期存款利率	1.98%	2.05%	2.25%	2.42%	2.52%	2.75%	3.87%

年份	2013	2014	2015	2009	2010	2011	2012
一年期存款利率	3.00%	2.75%	2.50%	2.25%	2.50%	3.50%	3.25%

年份	2016	2017	2018	2019
一年期存款利率	1.50%	1.75%	1.50%	1.50%
25 年平均利率	3.27%			

"傻瓜投资法"的核心理念就是在无风险利率和股票指数之间切换。本书提供了一个除了股票指数之外的选择，就是我们的神奇公式，核心改进思路是在无风险利率和神奇公式之间切换。

当然，"傻瓜投资法"也有很多种动态持仓方式，比如上面我们提到的使用寿命来调整债券和股票持仓比例的方式是其中的一种。本小节将采用择时动态调整股票和债券/存款的比例的傻瓜投资法：比如初始股票和债券比例为 50∶50，当预期股市表现较好的时候，适当增加股票的持仓比例，比如到 70%，同时降低债券/存款的比例到 30%；而当预期股市会转差的时候，我们就适当降低股票持仓比例，而增加债券/存款的比例，比如股票和债券/存款保持 20∶80 这种比例，甚至直接把股票持仓比例降为 0。

以上就是我们所采用的傻瓜动态投资持仓方法的基本思路，下面我们将一起来研究这种方法改进神奇公式的收益率表现。

6.2.2　动态持仓指数基金表现

对于股市什么时候算好还是不好是有不同的判断方式的，由于篇幅关系，我们只选取一种被本书证明过有效的调整股市持仓比例的参数：就是在本章 6.1 节中曾经证明过有效的市场平均 PE。简单说，当

A股整体的市盈率比较低的时候，就适当地增加股票的持仓比例，降低债券/存款的比例；而当A股整体的PE比较高的时候，就适当增加债券/存款的比例，降低股票持仓。

我们来测试几种不同的参数调整持仓方法：

（1）动态持仓方案一：一直持有50%的股票持仓、50%的无风险债券/存款持仓。

（2）动态持仓方案二：正常情况下，50%的股票持仓、50%的无风险债券/存款持仓；当市场PE大于40时，降低股票持仓到20%，提升无风险持仓到80%；当市场PE小于30时，降低无风险持仓到20%，提升股票持仓到80%。

（3）动态持仓方案三：正常情况下，50%的股票持仓、50%的无风险债券/存款持仓；当市场PE大于40时，降低股票持仓到0，提升无风险持仓到100%；当市场PE小于30时，降低无风险持仓到0，提升股票持仓到100%。

（4）动态持仓方案四：正常情况下，50%的股票持仓、50%的无风险债券/存款持仓；当市场PE大于50时，降低股票持仓到20%，提升无风险持仓到80%；当市场PE小于30时，降低无风险持仓到20%，提升股票持仓到80%。

（5）动态持仓方案五：正常情况下，50%的股票持仓、50%的无风险债券/存款持仓；当市场PE大于50时，降低股票持仓到0，提升无风险持仓到100%；当市场PE小于30时，降低无风险持仓到0，提升股票持仓到100%。

（6）动态持仓方案六：当市场PE大于40时，降低股票持仓到0，提升无风险持仓到100%；当市场PE小于或等于40时，降低无风险持仓到0，提升股票持仓到100%。

（7）动态持仓方案七：当市场PE大于50时，降低股票持仓到0，提升无风险持仓到100%；当市场PE小于或等于50时，降低无风险持仓到0，提升股票持仓到100%。

我们分别来看看这7种动态持仓方案的效果，如表6-13所示。

表 6-13　七种动态持仓方案的收益率对比

参　　数	收　益　率
神奇公式（原版）	26 811.84%
动态持仓方案一	5 838.16%
动态持仓方案二	16 788.39%
动态持仓方案三	20 985.48%
动态持仓方案四	1 344.88%
动态持仓方案五	19 921.27%
动态持仓方案六	37 142.63%
动态持仓方案七	38 817.77%

如表 6-13 所示，我们通过测试了 7 组参数，得出了动态持仓方案六和方案七最终可以跑赢原版的神奇公式。其他方案表现不佳，很大程度上是由于长期半仓持有无风险的债券或者存款。半仓持有债券 / 存款的策略虽然在股市不理想的情况下可以起到保底的稳定收益作用，但是在股市比较理想的情况下也丧失了一些激进的投资机会。比如我们如果使用动态持仓方案一，实际上就相当于永远把 50% 的资金放置在无风险的债券 / 存款中，而把另外 50% 的资金放置在股市，通过神奇公式的方式进行投资，然后每年再动态调整比例，让其维持在 50∶50，这样的策略肯定无法跑赢我们原版的神奇公式。当然，半仓持有债券 / 存款的策略，长期收益率还是比上证指数的表现优越了不少。

我们再来看看跑赢神奇公式原版的方案六和方案七。最后两组参数，实际上就是等于要求我们长期全仓股市；当股市 PE 过高的时候，就全部把钱放入无风险投资中，这样的动态持仓调整方法实际上和本章第一节中提到的通过市场平均 PE 来判断牛熊买入卖出股票方法是一致的，所不同的仅仅是当股市 PE 太高的时候，我们卖出股票并不是选择现金，而是选择把现金存入银行或者买入无风险的债券。

本小节只是通过一种动态持仓的方法证明通过该思路改进神奇公式是可行的，但是由于篇幅问题，并未继续展开其他动态持仓方案并进行验证，也希望读者可以提出自己的改进方案并验证讨论。

6.3 定投持仓法

6.3.1 定投方法的收益评估简介

基金定投，有懒人理财之说，价值缘于华尔街流传的一句话："要在市场中准确地踩点入市，比在空中接住一把飞刀更难。"如果采取分批买入法，就克服了只选择一个时点进行买进和沽出的缺陷，可以均衡成本，使自己在投资中立于不败之地。定投的定义为定期定额，长期定投可抹平基金净值的高峰和低谷，消除市场的波动性。只要选择的基金有整体增长，投资人就会获得一个相对平均的收益，不必再为入市的择时问题而苦恼。

采用基金定投的方式比较适合一般的上班族，因为上班族每月有固定的工资，并且没有太多的时间去研究各种投资方式，每月如果将工资的一部分除去生活必须支出之外，剩余的用来定额投入基金，也是一种不错的选择。对于定投来说，最重要的一个条件就是坚持。我们以 2014—2018 年 5 年基金定投沪深 300 和中证 500 指数为例，如表 6-14 所示。采用基金定投的方式并不能穿越牛熊，不仅收益率为负，而且最大回撤也达到了 50% 和 60% 以上。

表 6-14 2014—2018 年基金定投沪深 300 和中证 500 指数收益率

	总收益率	年化收益率	最大回撤
沪深 300 指数	29.66%	5.33%	42.85%
基金定投沪深 300	−5.94%	−1.22%	50.23%
中证 500 指数	8.32%	1.61%	60.26%
基金定投中证 500	−25.41%	−5.69%	65.56%

影响基金定投最终效果，选择什么基金也是比较重要的因素之一。在美国股市中，指数基金的表现要好于 90% 以上的主动管理基金；而在中国，虽然从统计上来说，主动管理基金表现整体要好于被动指数

基金，但是，正如本书第 2 章所分析的，选择主动管理基金也是一件非常困难并且有门槛的工作，因此建议一般的投资者还是选择被动指数基金进行投资。本小节也将采用定投指数基金和定投神奇公式的方式进行分析比较。

我们还需要稍微解释一下定投的收益统计方式，假设你每月拿 1000 元定投图 6-3 中的基金 B 的话（竖轴代表基金 B 的净值）：

第一次，1 000/1=1 000（份）；

第二次，1 000/0.7=1 429（份）；

第三次，1 000/0.5=2 000（份）；

第四次，1 000/0.6=1 667（份）；

第五次，1 000/1=1 000（份）。

共获得总份额 =6 096（份）。

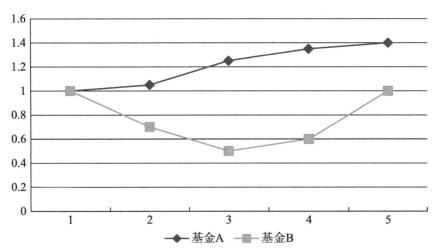

图 6-3　不同净值走势的基金将对定投效果有决定性影响

假如某人定投基金 B 五笔 1 000 元，共 5 000 元，那定投的单位成本就是 5 000/6 096=0.820（元 / 份）。基金 B 在 5 个周期内从开始到最后净值都是 1，看上去没有涨也没有跌，但是由于定投分摊了成本，因此我们投入的 5 000 元变成了 6 096 元，总收益率为 21.92%，可见基金定投对于成本分担的作用。

但如果我们将 5000 元分 5 笔定额投资于图 6-3 中的基金 A 的话，虽然基金 A 净值从 1 涨到了 1.4，但是由于定投成本越来越高，因此最终只获得了 4 207 份，总收益率仅为 17.81%。

可见定投可以以平滑基金的净值走势进行，即使基金长期不涨，定投也可能获取较为理想的收益率。

6.3.2 神奇公式定投效果比较

通过定投图 6-3 中基金的例子，我们一方面讲清楚了基金定投收益率的计算方式，另外也通过这个例子知道，即使是一个多年不涨的股市，通过基金定投的方式同样能盈利。那如果通过定投神奇公式的方式，是否可以获得不错的收益率呢？

从表 6-15 的回测分析可以看出，如果我们长期定投沪深 300 指数基金，收益率可以达到 14% 左右，回报要优于一直持有沪深 300 指数（年化收益率仅 6%）；如果我们定投神奇公式，由于神奇公式后 10 年收益率不如前 10 年高，因此通过定投的方式使用神奇公式收益率并不如我们的原版收益率高，但是年化收益也超过了 20%。对于一般的上班族，每月或每年定期划出一笔闲置资金进行储蓄投资，定投神奇公式的方式是非常适合的。

表 6-15　定投神奇公式和其他投资方式收益率对比

参　　数	总 收 益 率	年化收益率
沪深 300 指数	414.50%	6.10%
定投沪深 300	2 455.67%	14.27%
定投神奇公式	12 166.54%	22.15%
神奇公式原版	22 373.03%	25.29%

建议大家长期采用定投的方式进行储蓄投资，按月按年定额都可以，投资标的建议选择指数基金或者采用我们的神奇公式。

6.4　神奇公式参数优化

除了对神奇公式的投资策略进行改进之外，我们还可以对神奇公式持有股票组合的数量、周期长度、换仓起始日期等参数进行优化，力求通过数据回测找到神奇公式的最优参数。

6.4.1　股票组合数量优化

乔尔在《股市稳赚》一书中给出的神奇公式要求的是每年选出 20只“质优价低”的股票，但是乔尔在书中没有提到为什么我们要选择20 只股票，而不是 50 只或 100 只。股票组合的数量是否能优化？

我们重新对神奇公式做了不同股票组合的回测，分别用神奇公式股票组合有 1 只、5 只、10 只一直到 300 只股票来进行长时间的数据验证，想看看到底神奇公式组合数是多少才会在 A 股发挥最优的效果。具体的测试结果如表 6-16 所示。

表 6-16　不同的股票组合数量下的神奇公式收益率对比

参　　数	总 收 益 率	年化收益率
沪深 300 指数	499.11%	7.42%
神奇公式原版（组合有 20 只股票）	26 811.84%	25.08%
神奇公式（组合有 1 只股票）	304.55%	5.75%
神奇公式（组合有 5 只股票）	12 024.79%	21.16%
神奇公式（组合有 10 只股票）	18 653.60%	23.29%
神奇公式（组合有 30 只股票）	26 914.94%	25.10%
神奇公式（组合有 50 只股票）	26 300.48%	24.99%
神奇公式（组合有 80 只股票）	30 488.54%	25.73%
神奇公式（组合有 100 只股票）	21 717.43%	24.04%
神奇公式（组合有 200 只股票）	5 431.77%	17.41%
神奇公式（组合有 300 只股票）	1 874.39%	12.67%

神奇公式的股票组合数越少风险就越高，如果遇到公司退市、业绩踩雷等"黑天鹅"事件，就会严重影响组合的整体收益；而组合数量越高的时候，收益率反而会下降，甚至逐渐接近被动指数的收益率。道理很简单，因为组合越多，就相当于把越多的股票选入了组合中，因此也会越接近指数基金的收益率。

从表 6-16 回测的数据结果来看，当神奇公式组合中的股票数为80 只的时候，最终的收益率最高，年化收益率达到 25.98%。虽然25.98% 的收益率要高于我们原版的神奇公式组合 25.08% 的收益率，但是考虑到交易费用等因素（因为 A 股投资最小的单位是每手，组合越多资金总量就需要越大），对于一般的投资者而言，还是建议采用组合中股票数为 20 只的神奇公式。

6.4.2 神奇公式周期长度和起始点优化

可能会有读者有疑问，如果每年都要对神奇公式的持股进行调整，那么在一年中的什么时间点进行调整比较合适呢？还有周期一定得是一年吗？半年、三个月会不会更好呢？ 一般上市公司的年度财报一般会在 4—6 月公布，如果我们的神奇公式在上市公司年报公布之前就进行选股，会不会造成 PE、ROA 等数据不准确，从而影响最终的收益率呢？

针对以上疑问，我们对神奇公式进行了回测，比较不同的年度组合调整日期。需要说明的是，一旦确定了每年年度组合调整的时间点，每年就一定在这个时间进行调整。测试的结果如表 6-17 所示。

表 6-17 神奇公式组合调整日期变化对收益率的影响

参　　　数	总 收 益 率	年化收益率
神奇公式（组合调整时间 3 月 1 日）	21 675.28%	24.03%
神奇公式（组合调整时间 6 月 1 日）	26 692.00%	25.06%
神奇公式（组合调整时间 9 月 1 日）	27 174.98%	25.15%
神奇公式（组合调整时间 12 月 1 日）	25 160.00%	24.77%

从表 6-17 的测试结果看，神奇公式每年在什么日期进行组合调整并没有太大的区别。因为上市公司每个季度都会公布财报，对于优秀公司来说，一年时间并不会对业绩有太大的影响。因此只要使用动态 PE 作为神奇公式的选股参数，就能在一年中的任何时间开始调整我们的神奇公式组合。

另外如何我们调整神奇公式的周期，比如变为 3 个月或半年，收益率会如何变化呢？

从表 6-18 的测试结果看，调整神奇公式周期长度并没有让收益率更高。但如果考虑交易手续费问题，3 个月调整一次神奇公式的股票持仓组合，就相当于一年要交易 4 次，则交易成本将是原版神奇公式一年交易一次的 4 倍，从长期来看，对收益率的影响将相当大。因此，建议还是维持一年调整一次的神奇公式原版组合。

表 6-18　神奇公式周期长度变化对收益率的影响

参　　数	年化收益率	手续费	扣除手续费年化收益率
神奇公式（3 个月周期）	20.21%	1.20%	19.01%
神奇公式（6 个月周期）	22.00%	0.60%	21.40%
神奇公式原版（一年周期）	25.06%	0.30%	24.76%

总结来说，神奇公式每年的组合调整日期并没有太大的影响，一年调整一次的周期比较合适，不建议优化。

6.5　GPA（毛利率占总资产的比例）优化方案

我们从其他资料中还看到过对神奇公式的优化改进方案，比如有人提出要把神奇公式中使用的总资产收益率改成 GPA，实际上就是把公司的毛利率作为评价一个公司是否质优的改进方案。

GPA= 毛利（Gross Profit）/ 资产总额（Total Assets）

这种方案的基本逻辑是：

（1）毛利是公司经营的基础，毛利高的公司才有机会进行再投资，回报股东，并且该公司销售产品的销售额和成本是确定的，毛利造假的可能性也比较低。

（2）使用资产总额作为分母的好处是该数值和公司的资产结构无关，可以用来和不同的公司进行比较，因此造假的可能性也比较低。

总而言之，一家公司毛利率高的确说明这家公司有比较高的行业护城河，或者产品有比较大的竞争优势，可以用来作为评价一家公司是否"质优"的参数，但是使用在神奇公式中效果如何呢？我们来看看结果比较，如表 6-19 所示。

表 6-19　神奇公式原版和改进收益率对比

参　　数	总 收 益 率	年化收益率
神奇公式原版（总资产收益率）	26 692.00%	25.06%
神奇公式改进（GPA）	5 093.35%	17.89%

从表 6-19 回测数据的结果来看，通过 GPA 代替原版的神奇公式 ROA 参数效果并没有他们声称的那么理想，实际效果远不如原版神奇公式收益率高。使用 GPA 效果不佳背后的原因本书暂时不去深究，一个可能的原因是我国国企和周期股比较多有关，让毛利率高的公司的股票价格表现得不那么理想。

因此，从我们的验证结论来看，不建议采用 GPA 代替神奇公式中的 ROA 参数。

6.6　混合优化方案

综合多种神奇公式改进方案，部分的优化是有效的，也有不少优化方案效果不明显或者无效。在有效的优化方案中，也有部分的方案实际上难以实施或者实施的成本比较高，导致难以改进。

我们综合了上述的优化方案，总结出一种适合一般工薪阶层的投资方案：通过"定投 + 动态持仓"的方式来使用神奇公式，具体的方案如下。

混合优化方案：每年定期从工资中拿出一部分资金（比如 1 万元）投入到神奇公式选出的股票中，当股市 PE 大于 40 的时候，就卖出所有股票，投入无风险的债券 / 存款中；而当股市市盈率小于或等于 40 的时候，又重新通过神奇公式买入股票。

按照这种优化方案进行投资，收益率回测结果如表 6-20 所示。

表 6-20　混合优化神奇公式方案与其他定投方案收益率对比

参　　数	总 收 益 率	年化收益率
定投沪深 300	2 455.67%	14.27%
定投神奇公式	12 166.54%	22.15%
混合优化方案	17 877.17%	24.15%

对于一般工薪阶层，如果使用这种混合优化方案，每年坚持拿出一部分钱来进行定投的话，年化收益率可以达到 24.15%。混合优化方案比较适合比较忙、没有时间进行投资研究的投资者，强烈把这种改进方案推介给大家。

本 章 小 结

本章提出了多种对神奇公式改进的方案，并对这些方案进行了逐一的数据回测、收益率对比等工作。总体上来说，部分改进优化方案是有效的，但是也有不少方案无效或者使用成本较高而不实用。众多优化方案中，通过市场平均 PE 来判断买入卖出的时机是有效的，同时增加动态持仓，并结合定投的方式，对于一般的投资者来说，是一种非常简单、实用的投资方案。

对于一般的工薪阶层，我们强烈建议使用本章提出的最后一种混合优化方案来规划投资。当然，我们也建议干脆就不改变原有的乔尔提出的神奇公式方法进行投资，最终的投资收益率预计也是相当理想的。

第7章 ————————————

神奇公式在其他市场的表现

我们已经通过很充分的数据和分析证明了神奇公式在 A 股确实有效，但是神奇公式在美股中的表现到底是否真的如同乔尔说的那么有效？除了中国和美国股市外，神奇公式在全球其他主要股市还是否能依然表现神奇？

在本章，我们将从已获得的其他股市数据库中，去分析神奇公式在港股、欧洲股市、美洲等其他市场的表现。在分析开始前，需要先说明，由于各个市场的数据库并不完善，因此会存在部分市场无法获取其超过 20 年的数据，因此在本章之后的分析中大家会看到我们对各个市场周期长短不一的情况。

7.1　神奇公式在美股中的表现

美股即美国股市，主要由纽约证券交易所（New York Stock Exchange，简称 NYSE）和纳斯达克证券交易所（National Association of Securities Dealers Automated Quotations，简称 NASDAQ）组成，是世界上最大的股票证券交易市场。其中有几个重要的指数由于在本章后面与神奇公式进行比较时会用到，需要稍微解释一下。

道琼斯指数。即道琼斯股票价格平均指数（Dow Jones Industrial Average），它以在纽约证券交易所挂牌上市的一部分有代表性的公司股票作为编制对象所构成。

纳斯达克综合指数。即 National Association of Securities Dealers Automated Quotations Composite Index，简称 NASDAQ Composite Index，又称纳指、美国科技指数，是反映纳斯达克证券市场行情变化的股票

价格平均指数。

标准普尔 500 指数。即 S&P 500，又称 S&P 500 股价指数，是由美国 McGraw Hill 公司，从纽约证交所、纳斯达克上市的股票中选出 500 只，其中包含 400 家工业类股、40 家公用事业、40 家金融类股及 20 家运输类股，经由股本加权后所得到的指数。

因为标准普尔 500 指数几乎占纽约证交所股票总值 80% 以上，且在选股上考量了市值、流动性及产业代表性等因素，所以此指数一经推出，就极受机构法人与基金经理人的青睐，成为评量操作绩效的重要参考指标。在本小节中，我们将使用标普 500 指数作为我们在美股和神奇公式对比的指数。

7.1.1　《股市稳赚》一书中声称神奇公式在美股的效果

乔尔·格林布拉特在《股市稳赚》一书中给出了自己通过神奇公式计算出的美股 1988 年到 2004 年共 17 年的收益情况。乔尔声称，通过神奇公式在美股投资长期收益率可以达到年化收益率平均 20% 左右，而根据乔尔给出的 17 年美股神奇公式收益率结果，神奇公式的年化收益率平均可以达到 22.9%。并且乔尔给出了不同的公司规模下应用神奇公式的收益率情况——最大的 1 000 只股票（市值超过 10 亿美元的公司）和最大的 3 500 只股票（市值超过 5 000 万美元的公司）。从结果上可以看出，在市值超过 5 000 万美元的公司中使用神奇公式挑选的股票组合收益率最优。具体的收益率见表 7-1。

表 7-1　美股神奇公式 17 年不同市值收益率对比

年　　份	最大的 1 000 只股票（市值超过 10 亿美元）	最大的 3 500 只股票（市值超过 5 000 万美元）	标准普尔 500 指数
1988	29.4%	27.1%	16.6%
1989	30.0%	44.6%	31.7%
1990	-6.0%	1.7%	-3.1%

续表

年　　份	最大的 1 000 只股票（市值超过 10 亿美元）	最大的 3 500 只股票（市值超过 5 000 万美元）	标准普尔 500 指数
1991	51.5%	70.6%	30.5%
1992	16.4%	32.4%	7.6%
1993	0.5%	17.2%	10.1%
1994	15.3%	22.0%	1.3%
1995	55.9%	34.0%	37.6%
1996	37.4%	17.3%	23.0%
1997	41.0%	40.4%	33.4%
1998	32.6%	25.5%	28.6%
1999	14.4%	53.0%	21.0%
2000	12.8%	7.9%	−9.1%
2001	38.2%	69.6%	−11.9%
2002	−25.3%	−4.0%	−22.1%
2003	50.5%	79.0%	28.7%
2004	27.6%	19.3%	10.9%
年化收益率	22.90%	30.80%	12.40%

从乔尔对美股 1988 年到 2004 年 17 年的数据回测中可以看到，神奇公式的效果还是不错的，年化收益率达到了 20% 以上。如果每年从美股前 3 500 只股票中选择候选股票组合，神奇公式 17 年美股年化收益率还能达到 30.8%！

但是神奇公式是否真的如乔尔计算的那样在美股有如此高的收益率？我们不妨在本小节中进行一次全面的数据回测。

7.1.2　神奇公式在美股的回测效果验证

到底神奇公式是否真的如乔尔说的能在美股有很高的收益率呢？而且乔尔写《股票稳赚》这本书也比较早，从 2004 年之后的 15 年，神奇公式是否还能在美股有很好的效果呢？我们不妨通过获取的数据来重新计算一下。需要说明的是，由于乔尔声称从美股前 3 500 只股票中选择候选股票组合（市值超过 5 000 万美元）效果最优，因此我们就按这种选择股票组合的方式对从 1995 年到 2009 年的美股进行神奇公式的候选股票筛选。最终的数据回测结果如表 7-2 所示。

表 7-2　我们对神奇公式在美股的数据回测验证

年　　份	神奇公式（美股）	标准普尔 500 指数
1995	30.4%	37.6%
1996	37.2%	23.0%
1997	35.9%	33.4%
1998	6.9%	28.6%
1999	−5.9%	21.0%
2000	36.1%	−9.1%
2001	23.7%	−11.9%
2002	−15.4%	−22.1%
2003	54.4%	28.7%
2004	32.4%	10.9%
2005	9.8%	4.9%
2006	17.8%	15.8%
2007	6.8%	5.5%
2008	−47.7%	−37.0%
2009	54.4%	26.5%
2010	13.7%	12.8%
2011	6.9%	−0.1%
2012	10.3%	13.4%
2013	42.3%	29.6%
2014	22.2%	11.4%
2015	5.9%	−0.7%
2016	12.9%	10.6%
2017	22.2%	19.4%
2018	−4.6%	−7.0%
2019	7.8%	18.4%
总收益率	2782.5%	850.9%
年化收益率	14.20%	8.90%

　　表 7-2 是我们自己对美股近 25 年的神奇公式数据回测，从结果来看，在美股使用神奇公式 25 年总收益率为 27.8 倍，总收益率要

比标普 500 指数 8.5 倍的总收益率高不少。但是从年化收益率看，收益率仅为 14.2%，虽然优于标普 500 指数的年化 8.9%，但是和乔尔所声称的年化 30.8% 的收益率相差不少，甚至和他所声称的长期使用神奇公式年化收益率可以达到 20% 以上的目标也相差甚远，如图 7-1 所示。

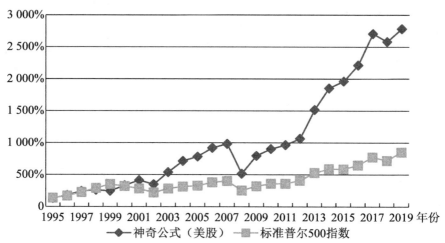

图 7-1　神奇公式在美股与标普 500 指数 25 年总收益率对比

为什么我们的分析和《股市稳赚》原书中的描述差别那么大？如果我们把从 2005 年到 2019 年这 15 年分开来看，如表 7-3 所示。

表 7-3　美股 2005—2019 年收益率单独统计

年　　份	神奇公式（美股）	标准普尔 500 指数
2005—2019	9.51%	6.90%
1995—2019	14.20%	8.90%

可以看出，美股从 2005 年开始，不管是标普 500 指数还是神奇公式，收益率都明显低于前 25 年的年化收益率平均值。可以这么说，神奇公式在美股近年来似乎收益率有下降的趋势，至于原因乔尔在《股市稳赚》一书中也提到过，如果股市中越来越多的人使用神奇公式或者信任价值投资的理念，那么神奇公式的效果就会越来越差。

对于神奇公式近年来的效果问题，我们将在第 9 章再详细讨论。

7.2　神奇公式在港股的表现

港股是指在香港联合交易所上市的股票，港股的历史相当悠久，可以追溯到 1891 年香港经纪协会设立之时。1980 年 7 月 7 日，香港远东交易所、金银证券交易所、九龙证券交易所加上原来的香港证券交易所，四家交易所合并成现在的香港联合交易所。香港的股票市场历史悠久，并且与世界发达国家市场接轨，因此比内地的股市更加成熟、理性，对世界的行情反应灵敏。香港证券市场的主要组成部分是股票市场，并有主板市场和创业板市场之分，在世界主要证券交易所中排行第 11 位。图 7-2 是香港交易所的图标。

图 7-2　香港交易所图标

香港股市指数是大名鼎鼎的恒生指数，由香港恒生银行全资附属的恒生指数服务有限公司编制，是以香港股票市场中的 50 家上市股票为成份股样本，以其发行量为权数的加权平均股价指数，是反映香港股市价格趋势最有影响的一种股价指数。除了恒生指数之外，香港还有红筹指数、创业板指数、国企指数等，但由于恒生指数最能反映港股市场，因此我们接下来的神奇公式的分析对比对象也采用了恒生指数。

7.2.1　神奇公式港股效果回测验证

虽然港股历史悠久，但是由于我们从同花顺获取的港股数据库只有从 2000 年到 2019 年共 20 年的数据，因此我们的分析也只能从这

20 年进行。具体的神奇公式和恒指表现如表 7-4 所示。

表 7-4　港股神奇公式与恒生指数收益率对比

年　　份	神奇公式（港股）	恒 生 指 数
2000	−13.33%	−11.00%
2001	28.80%	−24.50%
2002	−22.51%	−18.21%
2003	33.99%	34.92%
2004	98.26%	13.15%
2005	89.55%	4.54%
2006	51.39%	34.20%
2007	12.38%	39.31%
2008	−8.38%	−48.27%
2009	213.51%	52.02%
2010	19.81%	5.32%
2011	77.35%	−19.97%
2012	70.92%	22.91%
2013	65.29%	2.87%
2014	20.79%	1.28%
2015	−24.01%	−7.60%
2016	34.02%	39.00%
2017	22.98%	30.90%
2018	−22.54%	−13.69%
2019	5.89%	2.62%
总收益率	15 855.39%	207.25%
年化收益率	28.83%	3.71%

　　从表 7-4 中的收益率统计可以发现，神奇公式在港股的应用效果非常不错，港股 20 年恒生指数大概只涨了 2 倍，但是神奇公式的总收益率居然达到了 158 倍，年化相当于 28.83%，远远领先恒生指数。如图 7-3 所示。但是这样的效果不禁让我们感到怀疑，我们做的数据回测是否有什么漏洞？同花顺的港股数据库是否存在数据不准确的情况？

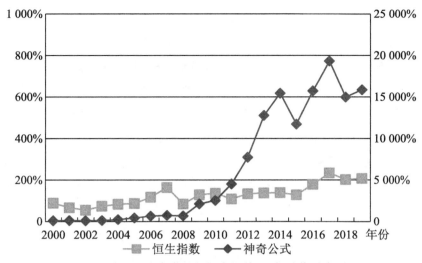

图 7-3 神奇公式在港股与恒生指数 20 年总收益率对比

7.2.2 神奇公式在港股应用存在的误差问题

经过对港股的数据重新进行分析我们发现，神奇公式在港股的真实效果的确需要打很大的问号，主要的影响的因素有以下几个。

（1）**港股的小市值股票太多**。根据港股 2019 年的数据显示，在港股上市的企业总数为 2 307 家，但市值低于 10 亿元的股票多达 1 086 只，占比达到了 47%！其中 84 只港股市值低于 1 亿港元；278 只股票市值低于 2 亿港元；735 只股票低于 5 亿港元；我们可以对比一下 A 股，目前 A 股低于 10 亿市值的股票不足 1%，可见港股的小市值公司占比实在是太高了，这样会导致一个结果，市场上会有大量的股票每天的交易量非常低，甚至 0 交易量，这会让我们使用神奇公式可能根本无法买到相应的股票市值，因此使得我们最终的数据回测模拟交易真实性大打折扣。

（2）**港股"老千股""仙股"比较多**。根据《中国基金报》2019 年统计，港股主板和创业板 2019 年有 178 家公司营业总收入低于 5 000 万港元，在这其中还有 32 家公司营业收入低于 2 000 万港元。但由于港股市场相对自由开放，这部分公司中有不少的"壳股"和"老千股"，由于这部分公司可以凭借自己的"财技"美化报表、"造壳"装入业绩，让自己的公司利润短期看起来还不错，而这部分公司中大部分是港股出名的"仙股"，股票价格长期都在 1 元以下，其中更是有 214 只股票股价低于 0.1 港元，约占港股整体数量的 10%。"老千股""壳股"造业绩，"仙股"造低价股，导致这些股票可能会被我们神奇公式的"质优价低"选股原则选中，但实际上这部分公司根本无法在市场上进行正常交易，因此也会极大地影响我们数据回测的真实性。

（3）**港股存在大量无交易量的"僵尸股"**。根据 2019 年港股数据统计，港股整体的换手率为 54%，大概仅为 A 股换手率的 1/10，2307 家港股上市公司中，925 只个股的日均成交额不到 100 万港元，占港股总数的 40%；更是有 144 只个股日均成交额低于 10 万港元。如此多的港股公司长期处于如此低的交易量，会影响股票的价格走势，或者导致市场上根本无法交易这些股票，因此也会影响我们数据回测的真实性。

虽然港股有"老千股""僵尸股"这些问题，但是港股也拥有腾讯、中国移动、汇丰银行这样的巨无霸大蓝筹公司。根据 2019 年统计，腾讯、汇丰银行、中国移动、中国银行四家公司总市值占到了港股总市值的 36.5%，而在港股上市的国企公司市值占比已经超过港股的 60%，港股市场显现"强者越强"的市场特性。因此，港股机构一般喜欢持有港股的蓝筹股票，据 2019 年统计，港股机构持有市值前 20% 的港股公司占比高达 96.4%，如图 7-4 所示。

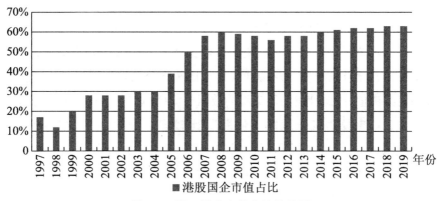

图 7-4　港股国企市值占比趋势图

7.2.3　神奇公式在港股数据调整后回测效果

综上所述，我们应该调整港股应用神奇公式的回测结果，并将神奇公式选择港股企业股票的范围限定在市值前 30% 的股票当中。根据该原则，我们再来看看神奇公式在港股的使用效果，如表 7-5 所示。

表 7-5　港股神奇公式市值排名 30% 的公司收益率回测

年　　份	神奇公式（港股前 30%）	恒 生 指 数
2000	−18.45%	−11.00%
2001	2.31%	−24.50%
2002	−22.13%	−18.21%
2003	33.99%	34.92%
2004	22.72%	13.15%
2005	43.74%	4.54%
2006	23.52%	34.20%
2007	35.28%	39.31%
2008	−26.95%	−48.27%
2009	113.31%	52.02%
2010	19.51%	5.32%
2011	27.45%	−19.97%
2012	70.32%	22.91%
2013	70.29%	2.87%
2014	30.44%	1.28%
2015	−14.01%	−7.60%
2016	14.14%	39.00%
2017	12.22%	30.90%
2018	−23.56%	−13.69%
2019	5.21%	2.62%
总收益率	2 040.91%	207.25%
年化收益率	16.28%	3.71%

如表 7-5 所示，由上述的分析可知，当我们把神奇公式在港股的选股限定在前 30% 的股票中时，20 年的年化收益率为 16.28%。虽然 16.28% 的收益率远远低于前面第一次我们回测年化收益率 28.83% 的结果，但是该结果更接近与港股使用神奇公式的真实收益情况，而且 20 年总收益率也达到 20 倍左右，实际的效果应该说还是不错的，如图 7-5 所示。

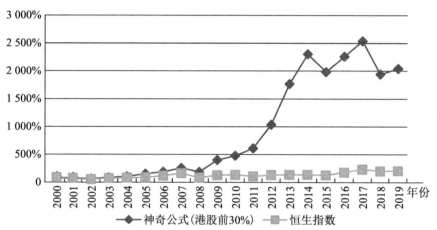

图 7-5　神奇公式在港股（市值前 30% 的股票）与恒生指数 20 年总收益率对比

7.3　神奇公式在欧洲股市的表现

为了研究神奇公式在世界其他市场的有效性，我们找了能找到的世界其他市场的股市数据库，目前我们可获取的数据库为瑞典、比利时、巴西、泰国四个股市市场，这四个市场涵盖了欧洲、美洲、亚洲这几个主要地区，虽然不一定能完全具备研究的完善性和代表性，但是在我们有限的股市数据条件下，不妨以这几个市场作为切入点来讨论"神奇公式是否在全球大部分市场都适用"这一问题，先来看一下神奇公式在欧洲股市的表现。

7.3.1　神奇公式在瑞典股市的表现

　　按道理说，我们如果想讨论神奇公式是否在发达国家的股市如欧洲股市适用，我们应该去研究英国、法国、德国的股市数据，但由于我们在写本书的时候，无法找到以上这些国家的历史股市数据，因此无法开展相关的数据回测研究。选择瑞典股市的原因是我们在瑞典隆德大学（Lunds University）的论文网中（https://www.lunduniversity.lu.se），找到了过去 21 年瑞典股市的数据库。这对于我们的客观研究和讨论是一个很重要的基础数据来源。

　　瑞典证券交易所 （Swedish Stock Exchange）成立于哥本哈根，前身是哥本哈根证券交易所，创立于 1863 年，如今交易所是世界上最大的交易所公司 NASDAQ OMX 纳斯达克—欧麦克斯集团的分支 NASDAQ OMX Nordic 的一部分，如图 7-6 所示。NASDAQ OMX Nordic 包括斯德哥尔摩、赫尔辛基、哥本哈根及冰岛的交易所。瑞典证券交易所最重要的指数为 OMX 斯德哥尔摩 30 指数（OMX Stockholm 30，简称 OMXS30），是瑞典斯德哥尔摩证券交易所的股票市场指数。它是一个资本加权指数，由 30 个交易量最大的股票类别组成，最能反映瑞典股市的市场情况，因此我们的神奇公式研究将使用 OMXS30 作为在瑞典股市的参照指标。

图 7-6　瑞典证券交易所 OMX 图标

　　我们获取了瑞典证券交易所从 1999 年到 2019 年共 21 年的股票数据，并通过神奇公式进行了回测分析，具体结果如表 7-6 所示。

表 7-6　神奇公式在瑞典股市 21 年收益率与 OMXS30 收益率的对比

年　　份	神奇公式（瑞典）	OMXS30
1999	21.10%	97.00%
2000	19.83%	-40.10%

续表

年　份	神奇公式（瑞典）	OMXS30
2001	3.45%	−11.86%
2002	−2.21%	−30.77%
2003	43.54%	27.78%
2004	18.96%	11.96%
2005	73.71%	46.60%
2006	19.72%	7.28%
2007	−10.22%	−21.43%
2008	−24.26%	−28.91%
2009	72.50%	47.28%
2010	25.79%	12.52%
2011	14.07%	−1.46%
2012	16.91%	12.70%
2013	32.90%	13.69%
2014	37.91%	18.71%
2015	18.22%	−17.32%
2016	28.69%	16.45%
2017	5.12%	2.60%
2018	−13.88%	−11.72%
2019	6.79%	12.08%
总收益率	2 765.27%	219.67%
年化收益率	17.13%	3.82%

　　从表 7-6 获取的瑞典 21 年股市数据回测中我们可以发现，瑞典 OMXS30 指数在过去 21 年涨了 2 倍左右，年化收益率为 3.82%，但是我们的神奇公式在瑞典 21 年的总收益率达到了 27.6 倍，年化收益率可以达到 17.13%。这样的回测数据结果，证明神奇公式在瑞典股市也是非常有效的，如图 7-7 所示。

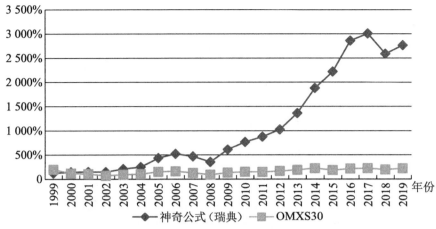

图 7-7　神奇公式在瑞典股市与 OMXS30 指数 21 年总收益率对比

7.3.2　神奇公式在比利时股市的表现

我们同样在瑞典隆德大学的数据库中找到了比利时 25 年的历史股市数据，因此也让我们可以用同样的方式对神奇公式在比利时股市的应用效果做一个对比分析。

比利时的布鲁塞尔证券交易所于 1801 年由拿破仑诏令建立于比利时首都布鲁塞尔，是全世界历史最悠久的证券交易所之一。2000 年 9 月，布鲁塞尔证券交易所与巴黎证券交易所、里斯本证券交易所以及阿姆斯特丹证券交易所合并，建立泛欧交易所（Euronext N.V.），是欧洲首家跨国交易所、欧洲第一大证券交易所、世界第二大衍生产品交易所，与纽约证券交易所、纳斯达克证券交易所、东京证券交易所、伦敦证券交易所并称为世界五大交易所，如图 7-8 所示。为成立泛欧交易所，比利时布鲁塞尔证券交易所也正式更名为"布鲁塞尔泛欧交易所"（Euronext Brussels），成为泛欧交易所在布鲁塞尔的分支公司。最知名的布鲁塞尔证券交易所指数是比利时 20 指数（BFX20），选取了比利时证券市场内 20 种股票作为指数成份股，因此我们的神奇公式也用此公式作为对比分析。

图 7-8　比利时泛欧交易所图标

我们获取了比利时证券交易所从 1995 年到 2019 年共 25 年的股票数据，并通过神奇公式进行了回测分析，具体的结果如表 7-7 所示。

表 7-7　神奇公式在比利时股市 25 年收益率与 BFX20 收益率对比

年　　份	神奇公式（比利时）	BFX20
1995	31.72%	12.23%
1996	40.11%	21.54%
1997	44.56%	27.59%
1998	−18.99%	45.32%
1999	10.65%	−4.95%
2000	4.22%	−9.46%
2001	15.87%	−8.02%
2002	−38.96%	−27.21%
2003	44.85%	10.82%
2004	32.67%	30.68%
2005	45.98%	21.32%
2006	38.11%	23.65%
2007	−8.11%	−5.95%
2008	−47.88%	−53.76%
2009	59.94%	31.59%
2010	18.71%	2.67%
2011	2.30%	−19.20%
2012	6.55%	18.80%
2013	31.02%	18.13%
2014	27.88%	12.14%
2015	29.56%	12.86%
2016	−5.70%	−2.81%
2017	15.61%	10.64%

续表

年　　份	神奇公式（比利时）	BFX20
2018	−10.58%	−18.48%
2019	19.60%	16.14%
总收益率	1 713.31%	271.76%
年化收益率	12.03%	4.08%

从表 7-7 比利时股市数据回测结果我们可以看到，比利时 20 指数在过去 25 年内涨了 4 倍左右，年化收益率为 4.08%，而我们的神奇公式在比利时股市中的总收益率达到了 17 倍，年化收益率可以达到 12.03%，当然可以认为神奇公式在比利时股市的应用效果非常理想，如图 7-9 所示。

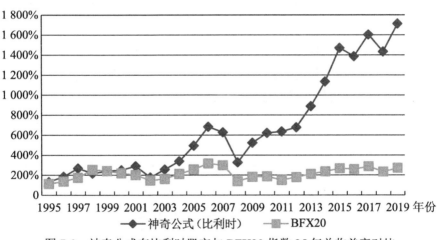

图 7-9　神奇公式在比利时股市与 BFX20 指数 25 年总收益率对比

7.3.3　神奇公式在欧债 10 年危机的表现

众所周知，欧洲从 2011 年开始爆发 "欧债危机"，欧债危机最早爆发的导火索是希腊的债券违约，但欧债危机最根本的原因是这些国家的经济失去了 "生产性"，严重影响居民消费，导致经济下滑。由于生产力下降导致出口变差，政府不得不依靠投资和消费拉动经济，赤字不断累积。欧债十年危机导致欧洲经济一蹶不振，欧洲股市也表现不佳，欧洲三大股指英国富时 100 指数、德国 DAX30 指数、法国 CAC40 指数从 2011 年以来，涨幅分别为 25.0%、81.8%、38.2%，年化收益率仅为 2.51%、6.87%、3.66%。除了德国股市在欧洲表现较为优秀以外，欧洲其余大部分股指在欧洲危机爆发后的 10 年表现也只是差强人意。

即使是在欧债危机爆发的 10 年期间，神奇公式在欧洲的两个股市表现依然优秀，如表 7-8 所示，在比利时和瑞典欧债危机 10 年内的年化回报率分别为 11.94% 和 15.28%，我们也有理由相信，如果有相关的股市历史数据库的情况下，神奇公式应该能在英国、德国、法国也表现优秀，如表 7-8 所示。

表 7-8　神奇公式与欧洲主要指数收益率对比

欧洲主要指数	欧债危机以来股指年化收益率
英国富时 100 指数	2.51%
德国 DAX30 指数	6.87%
法国 CAC40 指数	3.66%
比利时 BFX20	4.30%
瑞典 OMXS30	4.33%
神奇公式（比利时）	11.94%
神奇公式（瑞典）	15.28%

7.4　神奇公式在巴西股市的表现

为了探讨神奇公式是否在全世界大部分股市中适用，我们尝试寻找一个南美的股市样本数据库，期望对其进行验证。很幸运，我们在哥本哈根大学工商与经济法律学院的网站中找到了巴西股市从 2007 年到 2019 年的数据库，并对巴西股市数据进行了分析，验证神奇公式在该市场的效果。

我们知道，巴西是一个资源型国家，以大农场为主，与中国、印度、俄罗斯、南非曾并称"金砖五国"（BRICS）。巴西的经济严重受国际需求周期的影响，其股市数据也反映了这一特点。对于这样一个处于南美、世界重要的股市市场，研究神奇公式在该市场的应用效果，有非常大的标杆意义。

巴西证券交易所（BM&F Bovespa）是巴西一家证券交易所，总部位于巴西圣保罗，成立于 1890 年 8 月 23 日。直到 20 世纪 60 年代中期，它和其他巴西股市是国有企业，其管理人员由巴西政府任命。1965 年，巴西国家金融体系和股市实施改革开放后，巴西股市承担更多的机构作用。2007 年，该交易所股份化，并成为一家盈利的公司。其图标如图 7-10 所示。

图 7-10　巴西交易所图标

巴西指数又叫圣保罗指数（BM&F Bovespa、Bovespa index，IBOVESPA），是圣保罗交易所上市的公司股票指数，该市值为美洲第四大股市指数（美洲前三大为 NYSE、NASDAQ、多伦多交易所），也是南美第一大股市指数，世界第 13 大股市指数。我们接下来的分析，也采用巴西指数作为神奇公式的对比指数。

我们分析了巴西股市从 2007 年到 2019 年共 13 年的股市数据，使用神奇公式进行回测并与巴西指数（IBOVESPA）进行对比，结果如表 7-9 所示。

表 7-9　神奇公式在巴西股市 13 年收益率与 IBOVESPA 指数收益率对比

年　　份	神奇公式（巴西）	IBOVESPA
2007	38.36%	21.32%
2008	25.36%	63.64%
2009	-40.46%	-47.47%
2010	117.48%	95.19%
2011	42.41%	-0.49%
2012	1.57%	-6.93%
2013	50.00%	-6.38%

续表

年　　份	神奇公式（巴西）	IBOVESPA
2014	−17.49%	−28.98%
2015	−11.22%	−0.80%
2016	−35.67%	51.49%
2017	48.98%	34.08%
2018	14.88%	12.68%
2019	29.84%	11.28%
总收益率	510.21%	316.67%
年化收益率	13.36%	9.27%

从表 7-9 巴西股市数据回测结果来看，巴西由于是资源型国家，因此受国际需求市场的影响比较大，特别是受 2008 年美国金融危机影响，2009 年巴西指数当年跌了将近一半。但从长期来说，巴西指数的表现还是不错的，13 年总收益率为 316.67%，年化收益率达到了 9.27%，在众多国家的股市中应该属于表现比较好的。而我们通过神奇公式在巴西股市中的表现也相当不错，13 年总收益率达到了510.21%，年化收益率达到了 13.36%，虽然和巴西指数的差距不大，但是从复利的角度看，神奇公式的效果还是明显好于巴西指数的表现，如图 7-11 所示。

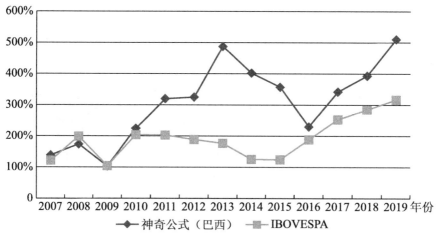

图 7-11　神奇公式在巴西股市与 IBOVESPA 指数 13 年总收益率对比

另外，巴西股市和本章上述研究过的股市所不同的是，巴西股市呈现出一种周期性，全世界暴发经济危机和需求下降时，会影响巴西国内企业的资源销售业绩；而当世界需求回升的时候，巴西国内企业会由于资源销售回升而业绩改善。借助巴西股市的周期性特点，我们可以分析一下神奇公式对于周期性的股市、周期性的行业、股票是否有效。

从 2004 年到 2008 年是国际市场的一个景气周期，世界主要国家特别是中国，对资源的需求呈现上升趋势，巴西的金属、农业、天然资源自然会让其国内企业业绩上升；而从 2009 年开始，由于 2008 年美国金融危机影响，全球经济不景气，特别是 2010 年开始紧接着又爆发欧洲危机，以及各种地缘政治不稳定，巴西经济呈现恶化的趋势，这一过程直到 2015 年才有所改善；而从 2016 年开始到现在，全球经济有复苏的趋势，巴西资源型企业业绩也有相应的改善。

因此，巴西经济实际上分为三个阶段：2004—2008 年（景气），2009—2015 年（衰退），2016 年至今（复苏）。由于 2007 年之前巴西股市的资料欠缺，我们只能分三个阶段统计巴西指数的表现以及神奇公式在这些周期中的不同效果，如表 7-10 所示。

表 7-10　巴西股市按周期统计神奇公式和 IBOVESPA 收益率

周　　期	神奇公式（巴西）	IBOVESPA
2007—2008 年（景气）	73.45%	98.52%
2009—2015 年（衰退）	32.37%	−5.13%
2016—2019 年（回暖）	122.22%	68.13%

从表 7-10 可以看到，巴西股市具有非常明显的周期性，神奇公式在衰退周期阶段仍能保持正收益，而在景气和回暖周期，实际上和巴西指数的差别并不大。因此可以看出，神奇公式在周期性的股票市场中，在衰退周期的表现比较稳定，导致最终的总体长期收益率能跑赢指数。牛市表现激进，熊市表现稳定这种神奇公式的收益特性，巴西股市与 A 股有类似的表现。同样在同一个股市中的周期性的行业中，

神奇公式依然有效，关于神奇公式和周期的关系，我们在第 9 章中还会讨论到。

最后，我们再补充一些关于巴西股市的历史：巴西股市曾经多次出现闪崩现象，比如 1997 年 3 月 11 日，在亚洲金融风暴的背景下，巴西股市从开盘 94 230 点一天之内跌去 90%，收盘价为 9 565 点，真可谓是风险巨大且世界罕见；而在 2008 年美国金融危机爆发后，巴西股市虽然反应迟缓，但是也在半年内跌去了 50% 以上，从最高 73 920 点一直跌到 30 000 点以下，直到 2009 年才有所反弹。

因此，虽然本章分析了巴西股市的研究，但是如果读者真的想投资巴西的股票，还是务必要谨慎小心。

7.5　神奇公式在泰国股市的表现

本书在前面的章节分析了神奇公式在中国 A 股、港股的表现，证明神奇公式在亚洲的股市是有效的，但是我们为了将股市案例抽样更加离散一些，因此想再找一个亚洲的股市数据库进行回测验证。本来我们也想验证一下神奇公式在日本、韩国这样的亚洲主要经济体中是否有效，但是无法获取相关的股市数据库数据。我们在泰国公会大学的研究中，找到了泰国股市的数据，因而得以继续开展我们的神奇公式亚洲验证之旅。

泰国证券交易所（Stock Exchange of Thailand）是泰国国家证券交易所，位于曼谷。泰国资本市场发展分为两个阶段。私营曼谷证券交易所从 1962 年经营到 70 年代初。第二次泰国全国经济和社会发展计划（1967—1971 年）开始为泰国证券交易所筹集资金，以支持泰国工业化和经济发展，是泰国政府首个官方批准、监督和规范有序的证券市场。图 7-12 是泰国证券交易所的图标。

图 7-12　泰国证券交易所图标

泰国 SET 指数（SET Index，或称泰国 SET 综合指数）创立于 1975 年 4 月 30 日，是由泰国证券交易所上市股票以市值加权计算出的指数。此外，泰国证券交易所还编纂了 SET-50 与 SET-100 指数，分别涵括泰国证券交易所市值排名前 50 与前 100 的股票。

泰国市值排名前 20 的企业中（如表 7-11 所示），传统的石油、银行、零售、通信及房地产企业已占到市值 70% 以上的份额，科技类公司较少，这和我国 2007 年之前的情况比较类似。但是泰国这几年电商等科技公司发展得也比较快，因为国内阿里、腾讯以及美国 Facebook、亚马逊这几年都在泰国设立了分支机构并想在当地大力发展互联网。因此，如果泰国真的能复制中国的发展模式的话，也许在未来 10 年，还真的是一个很不错的高科技投资市场，因为在 10 年前，我们也没想到腾讯、阿里巴巴这些公司市值能超过"两桶油"和中国移动。

表 7-11　泰国股市前 20 大公司市值占比

行　业	企业数量	市值占比
石油	4	24.21%
银行	4	15.56%
零售	2	8.62%
通信	2	7.12%
房地产	2	6.57%
化工	2	5.98%
医疗	2	4.13%
电力	1	2.11%
科技	1	1.90%
总数	20	76.20%

再回到我们的验证工作，我们找到了泰国股市从 1993 年到 2019

年的数据，但是为了统一起见，我们还是从 1995 年开始分析泰国股市 25 年的指数及神奇公式应用表现，具体结果如表 7-12 所示。

表 7-12　神奇公式在泰国 25 年的收益率与 SET 指数收益率对比

年　　份	神奇公式（泰国）	SET
1995	10.32%	6.11%
1996	−33.62%	−44.31%
1997	19.21%	−37.96%
1998	−10.84%	−25.87%
1999	101.38%	14.18%
2000	−15.85%	−22.77%
2001	83.81%	29.07%
2002	3.81%	−3.55%
2003	129.84%	77.66%
2004	3.22%	8.33%
2005	9.77%	4.51%
2006	8.47%	−8.11%
2007	35.49%	22.18%
2008	−41.62%	−47.86%
2009	119.85%	82.57%
2010	44.34%	34.61%
2011	25.94%	15.33%
2012	134.66%	25.61%
2013	−9.32%	−6.88%
2014	19.83%	16.32%
2015	−5.61%	−13.22%
2016	28.94%	19.88%
2017	21.22%	13.99%
2018	−18.23%	−10.76%
2019	7.56%	4.98%
总收益率	6 974.51%	150.49%
年化收益率	18.51%	1.65%

如表 7-12 所示，泰国在经历了 1997 年亚洲金融危机之后，整体股市就一蹶不振，直到 2011 年才回到 1995 年的股指水平，已经可以

用"二十年如一日"来形容了。2011 年之后，泰国股市在全球经济回暖的大背景下，才逐步获得 50% 以上的涨幅，彻底走出 20 年来的低谷。反观泰国股市 25 年，SET 指数总收益率仅有 150.49%，年化平均收益率仅为 1.65%。

我们再来看我们神奇公式在泰国的表现。在 25 年期间，如果使用神奇公式，在泰国的总收益率可以达到 6 967.51%，接近 70 倍的收益率，年化收益率更是达到 18.51%，可以说神奇公式在泰国的效果真的要比 SET 股指优秀了不少，如图 7-13 所示。

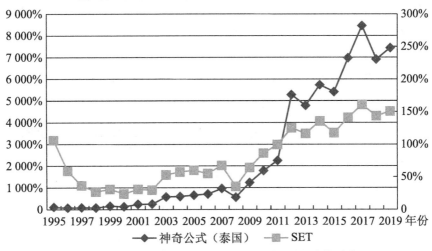

图 7-13　神奇公式在泰国股市与 SET 指数 25 年总收益率对比

7.6　神奇公式在中国 B 股中的表现

回顾完上述多个国家和地区的股市后，我们可以得出一个基本结论：神奇公式通过选择"质优价低"的上市公司的组合，从长时间来看，在世界上大部分国家的股市中应该是有效的。但有些人可能会问，如果在某些特定的小市场中，神奇公式是否依然神奇呢，比如我们的 B 股？

B 股的正式名称是人民币特种股票。它是以人民币标明面值，以外币认购和买卖，在中国境内（上海、深圳）证券交易所上市交易的外资股。B 股的"B"，是仅相对于 A 股的"A"而言，无实际含义。B 股公司的注册地和上市地都在境内，B 股实际上是供境外投资者投资的股票。其实 B 股就是一个 A 股的小市场，因为上市公司的业绩与 A 股一致，而 B 股的价格却由境外投资者及国内 B 股开户的投资者博弈决定，因此一家"质优"的 A 股上市公司，可能会在 B 股的市场博弈中获得区别很大的定价，有时候"价高"，有时候"价低"。

由于 B 股的上市公司数量实在太少，因此我们选取了从 2010 年开始到 2019 年 10 年的 B 股市场来进行神奇公式的应用回测。并且，我们对神奇公式的选股组合数量进行了修正，每年只选取 10 只 B 股股票作为我们的股票组合。具体的回测效果如表 7-13 所示。

表 7-13　神奇公式在中国 B 股的收益率与 B 股指数收益率对比

年　份	B 股指数收益率	神奇公式（B 股）	B 股数量
2010	20.58%	44.31%	82
2011	−29.27%	−35.36%	82
2012	13.77%	−5.52%	81
2013	3.56%	16.82%	81
2014	14.64%	32.29%	79
2015	46.65%	13.05%	79
2016	−19.84%	28.33%	79
2017	0.63%	7.41%	79
2018	−20.70%	−24.64%	80
2019	−2.74%	17.73%	81
10 年总收益率	105.10%	188.30%	—
年化收益率	0.50%	6.53%	—

回顾过去 10 年 B 股指数，指数增长几乎为 0%，总收益率为 105.10%，相当于 10 年指数增长了 5% 左右，年化收益率平均只有 0.5%，真的有一种"十年如一日的感觉"；而对比我们的神奇公式，虽然在一个有限的小市场中，其长期收益率依然比指数优异，10 年总收益率为 188.30%，年化收益率 6.53%，虽然算不上优秀，但比把外币存银

行要强不少了，如图 7-14 所示。

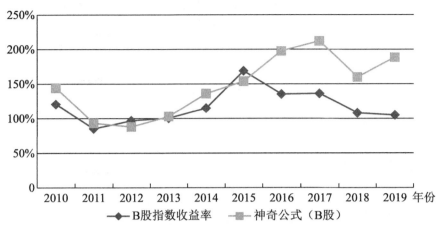

图 7-14　神奇公式在中国 B 股与 B 股指数 10 年总收益率对比

　　我们知道，B 股是一个交易量非常小的市场，但通过神奇公式在 B 股的效果验证表明，神奇公式即使在一个小范围的、有限制的市场中，其收益率表现依然要好于平均值。实际上不仅是 B 股，对于在蓝筹股、大市值股票中使用神奇公式的话，长期收益率也会大概率好于指数。

本 章 小 结

　　前几章验证了神奇公式在中国 A 股的效果，并证明了其有效性，本章把神奇公式的方法运用到其他国家和地区的股市中，以验证该公式是否如 A 股一样的有效。为了让结论更加有信服力，我们在本章中找了全球不同大洲的股票市场，包括亚洲、北美洲、拉丁美洲、欧洲等，这些市场有些是区域的核心市场，有些是边缘市场，但是最终结果都证明了神奇公式的有效性。

　　最后，我们把本章我们验证过的市场结果，整理成表 7-14。

表 7-14　神奇公式在不同的股市年化收益率与该市场指数收益率对比

股 市 名 称	年化收益率（神奇公式）	年化收益率（指数）
美股	14.20%	8.90%
港股	16.28%	3.71%
瑞典股市	17.13%	3.82%
比利时股市	12.03%	4.08%
巴西股市	13.36%	9.27%
泰国股市	18.51%	1.65%
中国 B 股	6.53%	0.50%
中国 A 股	25.06%	6.64%

　　我们也欢迎如果读者能获取到世界上其他主要股票市场数据的话，自行验证一下神奇公式是否在这些市场有效。

第8章 —————————————

神奇公式的一些工具

相信如果读者们认为本书提到的神奇公式是真实有效的话，应该有不少人希望把该方法真实地运用到自己的投资中，但从哪里可以获取到使用神奇公式比较好的工具呢？本章我们就来介绍一些研究神奇公式的网站和网上现成的工具，以及能直接投资神奇公式的方法，方便读者在投资中使用。

8.1 神奇公式的应用网站

虽然神奇公式简单，只需要投资者每年选择 20 个"质优价低"的公司股票，然后持有一年后更换就可以了，但是对于一些初级投资者来说，要学会计算总资产收益率和市盈率这些指标可能也是有困难的。

其实现在网上有不少同好在研究神奇公式，并根据神奇公式介绍的方法，定期将神奇公式的持仓股票公布在网上。投资者只需要按网站公布出来的股票组合，按比例买入，再定期按网站公布更换股票持仓组合就可以了。

下面我们就介绍一些关于神奇公式的研究网站，供读者参考。

8.1.1 乔尔的美股神奇公式网站

乔尔·格林布拉特在其著作《股市稳赚》一书中，介绍了一个专门支持乔尔神奇公式的网站，网址是：www.magicformulainvesting.com，如图 8-1 所示。

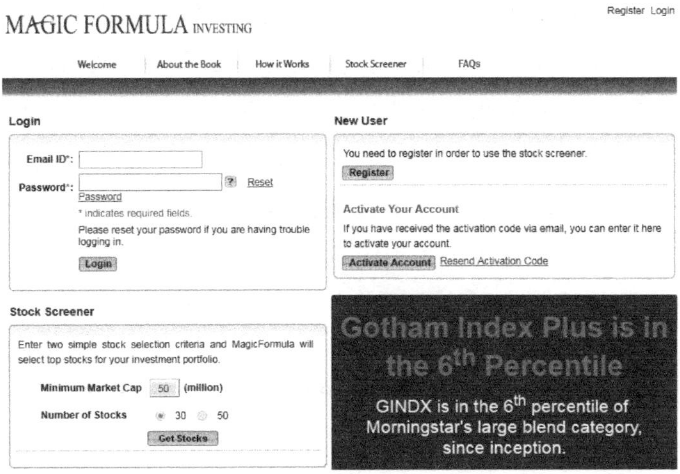

图 8-1 乔尔的神奇公式网站首页

　　当然，乔尔的这个网站只支持投资美股，投资者只需要登录该网站，然后根据说明选择公司规模（如市值超过 5 000 万美元的公司，或者超过 1 亿美元、10 亿美元的公司等），该网站就会列出根据神奇公式选出的美股组合企业名单，如图 8-2 所示。如本书第 7 章所述，对于美股来说，选择市值高的企业对于神奇公式最终的效果会比较好，因此建议读者使用该网站的时候，把公司规模选择在 1 亿美元以上。

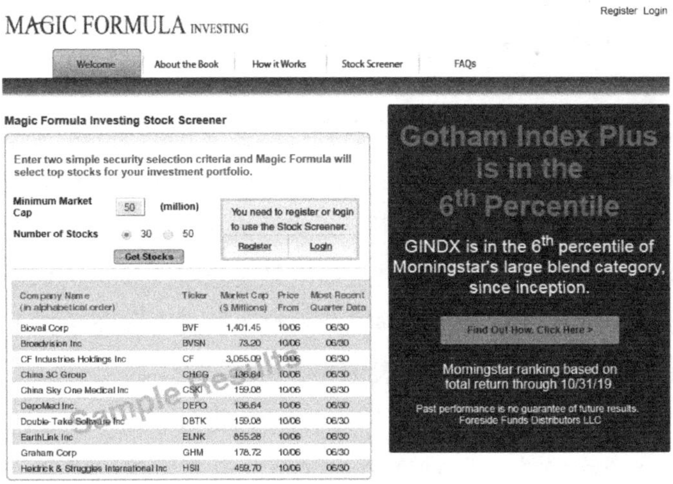

图 8-2 神奇公式网站按条件筛选出的股票清单

在选出 30 ～ 50 家符合目前神奇公式的美股企业之后，投资者可以根据自己的资金情况进行投资，如果资金量比较大的话，就一次性买入 20 ～ 30 家企业股票，记得把每家企业股票按同样的比例买入，这样就拥有了一个神奇公式的组合。随后投资者要做的事情将非常简单，只需要把这个股票组合持有一年后全部卖出，然后再按比例买入网站给出的新的一年神奇公式美股组合。

接下来，就是整个投资最困难的部分——坚持 5 年以上。假如投资者无法坚持，在持有神奇公式 1 ～ 2 年后就选择了其他的投资方法，那么你可能会在神奇公式发挥效用之前失去机会。

当然，这里有一个小小的建议，由于买卖股票有手续费和盈利的印花税等费用，正如本书第 3、4 章所分析的那样，一些"质优价低"的企业很可能会连续几年入选我们的神奇公式组合名单。因此，假如到了新的一年，你持有的神奇公式组合中有网站提供的新神奇公式组合企业，为了节省交易费用，只需要卖出该股票的盈利部分，或者按比例补充欠缺的股票市值，而不要直接将该股票卖出，这样可以节省一些交易费用并提高神奇公式的最终效果。

最后，再强调一次，坚持 3 ～ 5 年！坚持就是胜利！

8.1.2　中国的神奇公式网站

看过《股市稳赚》这本书的读者，一定会很羡慕美股的投资者可以有 www.magicformulainvesting.com 这样的神奇公式网站方便投资者使用。但实际上，中国也有不少人在研究神奇公式，并且把研究结果直接公布在网上，投资者只要根据网站来选择"质优价低"的 A 股投资组合，就可以轻松地获得神奇公式给予的神奇收益率。

下面我们就介绍一部分 A 股的神奇公式研究网站。

1. 股市价值投资网站 http://www.shenqigongshi.com/

这是一个收费的 A 股神奇公式网站，免费用户可以查询 A 股和港股的神奇公式回测效果，但是如果要查询每年的神奇公式选股，就需要购买会员。当然会员价格也不是很贵，有兴趣的读者可以了解一下，如图 8-3 所示。

图 8-3　股市价值投资网站首页

　　该网站提供了 A 股从 2005 年至今的 15 年数据回测情况，如图 8-4 所示。其神奇公式年化收益率在 21% ～ 28%（该网站声称有不同的 A 股组合选择方法提供），基本和本书的分析回测结果接近，也进一步证明了神奇公式的有效性。

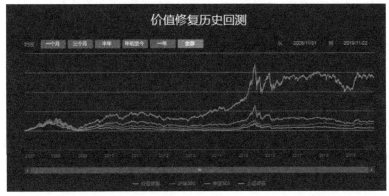

图 8-4　股市价值投资网站对神奇公式 15 年 A 股数据回测

　　该网站还提供了港股从 2015 年至今 5 年的数据回测，如图 8-5 所示。神奇公式的年化收益率在 9% 左右，也基本接近我们在第 7 章中的回测分析结果。

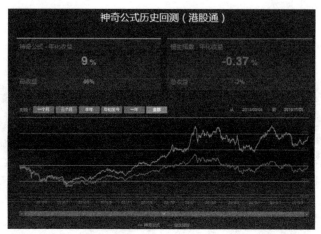

图 8-5　股市价值投资网站对神奇公式 5 年港股数据回测

另外，该网站所公布的数据是根据季报和实时股价计算动态市盈率，数据会每天更新，使用起来的确比较方便。

2. 雪球上的神奇公司投资组合

在投资者论坛雪球网站（https://xueqiu.com/）上，有一批研究神奇公式的自媒体作者，他们也会定期公布根据神奇公式制定的投资组合（如图 8-6 所示），比如神奇女侠、股市神奇公式等人。

名称	净值	日收益	月收益	总收益	
神奇公式试验	0.8124	0.2%	3.17%	-18.76%	+
神奇公式	0.9916	0.17%	-2.44%	-0.84%	+
神奇公式动态...	1.388	-0.68%	-0.3%	+38.80%	+
神奇公式US	1.1048	0.02%	0.89%	+10.48%	+
神奇公式	1.9668	-2.08%	-0.06%	+96.68%	+
神奇公式	0.8664	0%	-3.04%	-13.36%	+
神奇公式组合...	1.0067	1.9%	-2.51%	+0.67%	+
神奇公式50mil	0.829	0%	-0.39%	-17.10%	+
神奇公式	1.5384	-0.38%	1.57%	+53.84%	+

图 8-6　雪球上的神奇公式组合

但是这里面大部分的自媒体投资人建立的神奇公式组合都没能长期坚持下来，也没有对组合进行维护。我们从 2014 年开始，就建立了一个自己的神奇公式投资组合，并下决心一直坚持下来，看看 10 年、20 年后，这个神奇公式的投资组合是否真的那样神奇，也希望各位投资者监督和参考。我们在雪球上建立的神奇公式组合名字为"神奇公式 A 股 ZH090096"，如图 8-7 所示，从 2014 年至 2019 年年底收益率为 54.96%，读者们通过该组合也可以看到我们每年的股票持仓情况和收益变化情况。

图 8-7　我们的神奇公式雪球组合

另外，我们还建立了一个"神奇公式 A 股 2ZH090105"组合，如图 8-8 所示，该组合的总资产收益率和市盈率指标要劣于"神奇公式 A 股 ZH090096"，其建立目的有二：其一是对比不同总资产收益率和市盈率对收益率的影响情况。从结果上看，"神奇公式 A 股 2ZH090105"收益率为 34.34%，的确比"神奇公式 A 股 ZH090096"组合要差，如图 8-8 所示。其二，"神奇公式 A 股 ZH090096"和"神奇公式 A 股 2ZH090105"选取的股票数量一共为 40 家企业，实际上也可以对比究竟神奇公式是选择 20 家企业作为组合合适还是选择 40 家企业组合合适。

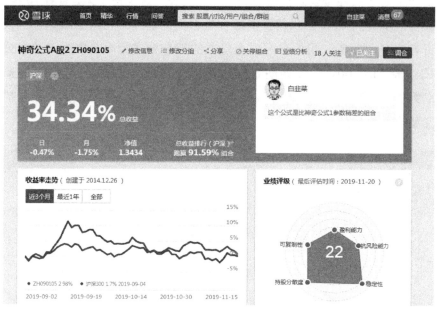

图 8-8　总资产收益率和市盈率指标稍差的神奇公式 2 组合

我们把神奇公式两个组合的收益率和合并收益率进行对比，结果如表 8-1 所示。

表 8-1　我们的神奇公式两个组合收益率统计及合并收益率统计

	股票组合数	总收益率	年化收益率
神奇公式 A 股 ZH090096 组合	20	54.69%	11.52%
神奇公式 A 股 2ZH090105 组合	20	34.34%	7.66%
以上两个组合合并	40	44.52%	9.64%

除此以外，我们还在雪球上建立了港股的神奇公式组合"神奇公式港股组合 ZH2040952"，如图 8-9 所示。我们通过模拟盘，建立了一个 B 股的神奇公式测试组合。

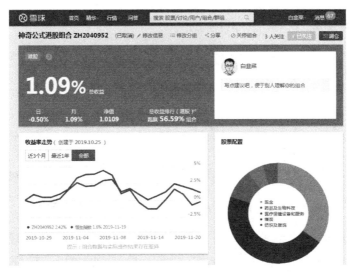

图 8-9 神奇公式港股组合 ZH2049952

也希望各位读者和我们一起共同坚持这个神奇公式的社区阵地，见证未来神奇公式是否真实有效。

8.2 神奇公式的研究网站

除了可以从网上直接获取神奇公式每年的选股组合策略之外，国内外网上都有一些专门研究神奇公式的网站。这些网站的作者会定期发布自己对神奇公式的研究心得、改进策略、回测对比等信息，并提供社区让神奇公式的爱好者互相交流。这里介绍几个比较有价值的神奇公式研究网站。

8.2.1 Q-MAGIC 快慢指数网

Q-MAGIC 快慢指数网 www.q-magic.net，是一个在中国比较早研究神奇公式的网站，网站会定期公布作者的神奇公式持股组合，如图 8-10 所示。

Q-Magic.net 说明手册

2017-11-12 chrien 阅 68 转 1　　转藏到我的图书馆

第一部分：市场估值

对整体市场而言，估值是个很模糊的东西，所谓的“便宜”和“贵”都是相对而言的。2000点不贵，但还可以继续跌到1600点；5000点不便宜，但还可以向上到6000点。估值只有在极端的情况下才有非常明确的指导意义。

为了扩大估值的使用范围，通常需要使用多种估值方法来相互验证，才能得出相对可靠的结论。

图 8-10　Q-MAGIC 快慢指数网说明手册

除了公布神奇公式的持股组合之外，该网站作者还建立了一个专门研究神奇公式的博客，网址为：http://blog.sina.com.cn/s/blog_4c36db8f0102e86p.html。虽然该博客现在已经停止更新，但是作者在该网站上做了许多神奇公式的分析和改进方法，并且给出了许多神奇公式为什么有效的分析和证明，很值得投资者去认真阅读和研究，如图 8-11 所示。

神奇公式的缺陷与Q-Magic.net优化的实践（二） (2012-01-14 11:44:05)　转载▼

标签：杂谈　分类：工作思路

格林布拉特采用经过优化后的ROE作为“好股票”的评价指标，但是一个公司的ROE变化是非常缓慢的，很有可能公司的业务发展已经停滞了一两年后，ROE才能开始缓慢的下降，比如说中材国际，我们看到2011年中报，中材国际的ROE出现了显著的变化，如图：

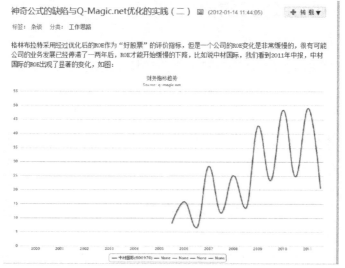

图 8-11　Q-MAGIC 快慢指数网博客截图

除了神奇公式之外，网站作者还写了很多关于价值投资的一些心

得，以及价值投资和神奇公式的相关内容，有兴趣的读者可以去上面
看看。

8.2.2 雪球网站上的神奇公式研究

在投资网站雪球网上，有不少的"球主"研究神奇公式，比如神
奇侠女、价值基金、坤鹏论等，他们会定期发表一些对神奇公式的研
究专栏和文章，并与神奇公式的爱好者进行互动讨论，如图 8-12 所示。

图 8-12　雪球上的神奇公式研究博主

雪球网站上还有不少与神奇公式相关的文章，只要在雪球上搜索
"神奇公式"就能找到相关的研究文章，并且可以看到"球主"们的
一些模拟投资过往验证情况，应该说是非常方便，如图 8-13 所示。

图 8-13　雪球上的神奇公式研究文章及专栏

8.3 股市数据库来源

我们在本书回测了神奇公式在 A 股从 1995—2019 年这 25 年间的情况，可能有些读者会好奇，我们是如何获取 A 股过去的股价走势、过去的总资产收益率和市盈率数据的。这里介绍一些比较好用的 A 股数据库，可以方便读者查询到 A 股的历史数据。

8.3.1 同花顺"i 问财"

我们知道同花顺是一款非常好用的股票软件，有电脑客户端、手机 APP 和网页等版本，可以让股民投资者很方便地查询到 A 股、港股、美股及债市、基金等各种投资的信息。同花顺是目前全国使用频率最高的一个炒股网站 / 软件，其开发的一些关于股市的应用也相当不错，比如在"数据中心"可以很方便地查询到 A 股的各种重要历史信息和历史行情数据，"智能投顾"可以直接向 AI 机器人查询需要的历史数据等，其手机版截图如图 8-14 所示。

图 8-14 同花顺手机版截图

这里介绍他们里面的一款可以很方便地查询到 A 股历史数据（其实也包括其他股市的历史数据）的软件"i 问财"，网址是：www.iwencai.com，如图 8-15 所示。

图 8-15　同花顺"i 问财"网站首页

"i 问财"这个网站除了有同花顺软件里面所有的股市数据库之外，最方便的一个使用方法是可以直接通过问问题的方式让"i 问财"软件机器人给你答案。比如，如果想知道 2015 年的 A 股上市公司中，有哪些公司的市盈率小于 15，而总资产收益率是大于 20，就可以直接在网站的对话框中输入 "2015 年，PE 小于 20 且 2015 年，ROA 大于 15 的公司"，如图 8-16 所示，这样网站就会自动匹配出符合条件的公司。

图 8-16　使用"i 问财"设置神奇公式条件选取股票组合候选

有了“i 问财”这款工具，就可以很轻松地去做数据回测，以及确定未来神奇公司入选组合。

“i 问财”不仅可以查询所需要的 A 股数据，我们甚至可以用它来查询美股、港股甚至 B 股的数据。比如，我们想确定美股 2019 年神奇公式的入选企业有哪些，就可以直接在“i 问财”对话框中输入：“美股 2019 年市盈率小于 20 且美股 2019 年总资产收益率大于 20”，如图 8-17 所示，然后做一些参数的适当调整，就可以选出 20 ～ 40 只神奇公式的候选组合股票。

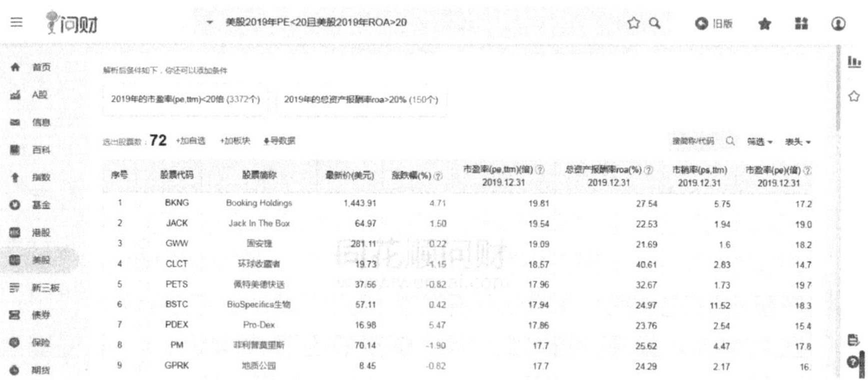

序号	股票代码	股票简称	最新价(美元)	涨跌幅(%)	市盈率(pe,ttm)(倍) 2019.12.31	总资产报酬率roa(%) 2019.12.31	市销率(ps,ttm) 2019.12.31	市盈率(pe)(倍) 2019.12.31
1	BKNG	Booking Holdings	1,443.91	4.71	19.81	27.54	5.75	17.2
2	JACK	Jack In The Box	64.97	1.50	19.54	22.53	1.94	19.0
3	GWW	固安捷	281.11	0.22	19.09	21.69	1.6	18.2
4	CLCT	环球收藏者	19.73	-1.15	18.57	40.61	2.83	14.7
5	PETS	佩特美德快送	37.56	-0.82	17.96	32.67	1.73	19.7
6	BSTC	BioSpecifics生物	57.11	0.42	17.94	24.97	11.52	18.3
7	PDEX	Pro-Dex	16.98	5.47	17.86	23.76	2.54	15.4
8	PM	菲利普莫里斯	70.14	-1.90	17.7	25.62	4.47	17.8
9	GPRK	地质公园	8.45	-0.82	17.7	24.29	2.17	16.

图 8-17　利用“i 问财”设置美股选股条件

“i 问财”这个网站是免费的，但是如果要大量访问其数据库并导出 EXCEL 清单，就需要支付一定的会员费用，但是费用也不高，值得推荐。

8.3.2　一些股市数据库介绍

除了上面介绍的很方便的同花顺“i 问财”软件以外，还有一些软件 / 网站可以提供 A 股数据库的查询。

（1）Wind 万得咨询金融终端。这是一款功能非常全面的 A 股数据软件，可以提供实时股市资讯和历史数据回测等功能，从功能上说要比其他软件都强大，但是这款软件唯一的缺点是需要购买会员才能使用里面的大部分功能，而且价格非常高，因此不太适合一般的投资者。但如果是有条件的投资者，Wind 使用起来应该说非常方便，甚至可以一次性通过文本导入和导出股市的数据库获得结果和画出趋势图，所以投资者也可以考虑使用。

（2）通达信"问达"。 通达信也是一款股民使用比较多的股市行情软件，有 A 股完整的历史数据库，同时通达信也推出了与同花顺"i问财"类似的"问达"。虽然两者功能类似，但"问达"使用起来并没有同花顺"i问财"那么方便。而且在 2019 年年初，通达信"问达"也不知道什么原因无法使用了。

（3）其他数据库。 其他股民用的比较多的股市行情软件，比如东方财富、大智慧等，其实都可以查询到 A 股的历史数据库，如果读者们不嫌麻烦，一样可以通过这些软件的数据库选取神奇公式的年度组合，只不过这些软件没有推出类似同花顺"i问财"的软件，因此访问数据库不是太方便，但是可以用这些数据库来相互验证，避免一些数据的遗漏。

8.4 神奇公式的已发行基金

如果读者觉得以上介绍的这些神奇公式的工具还是太复杂，能不能有一种办法既可以使用神奇公式来进行投资，又不需要做那么多计算性的工作呢？答案是肯定的。现在有许多机构推出了神奇公式的基金，投资者只需要像购买普通基金一样去申购，就可以很简单地采用神奇公式进行投资了。

中证价值回报量化策略指数，又称为"神奇公式"（CSI:930949）。该基金是由中邮创业基金管理股份有限公司定制开发的策略指数，以神奇公式选择"质优价低"的原则为蓝本，从投资回报和估值两个角度在沪深上市公司中选取样本股。指数采用半年度调样，跟踪具有高投资回报率但估值相对较低的股票，如图 8-18 所示。

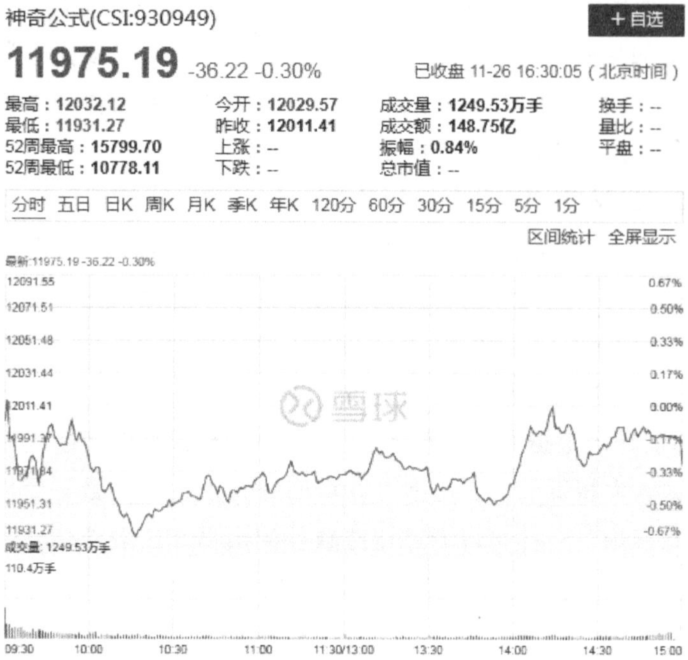
神奇公式(CSI:930949)
+自选
11975.19 -36.22 -0.30%
已收盘 11-26 16:30:05（北京时间）
最高：12032.12
最低：11931.27
52周最高：15799.70
52周最低：10778.11
今开：12029.57
昨收：12011.41
上涨：--
下跌：--
成交量：1249.53万手
成交额：148.75亿
振幅：0.84%
总市值：--
换手：--
量比：--
平盘：--
分时 五日 日K 周K 月K 季K 年K 120分 60分 30分 15分 5分 1分
区间统计 全屏显示
最新:11975.19 -36.22 -0.30%
12091.55
12071.51
12051.48
12031.44
12011.41
11951.31
11931.27
0.67%
0.50%
0.33%
0.17%
0.00%
-0.33%
-0.50%
-0.67%
雪球
成交量：1249.53万手
110.4万手
09:30
10:00
10:30
11:00
11:30/13:00
13:30
14:00
14:30
15:00

图 8-18　中证价值回报量化策略指数

中证价值回报量化策略指数，组合样本股每半年调整一次，样本股调整实施日为每年 5 月和 11 月的第六个交易日，该基金分为 A 类（006255）和 C 类（006256）两个组合，两个组合资产合并投资，组合没什么不同，唯一的区别是费用不同。投资者在雪球上买 006255 需要交 0.1% 申购费不交销售服务费，而买 006256 不交申购费但需要每年交 0.4% 的销售服务费。在基金经理的眼中，A 类份额和 C 类份额的资产并无差别。但对于基金会计来说，A 类份额和 C 类份额需要分别记账。投资收益是一样的，不同之处仅在于基金的费用不同，每日需要对 C 类份额计提销售服务费，所以每日公布的净值增长率 C 类份额都比 A 类份额低，差别就是每年 0.4% 的销售服务费。对投资者来说，买 A 类份额的时候会一次性扣除申购费，期内 A 类份额持有人不需要再付销售费用；C 类份额的持有人在购买的时候不需要交申购费，但是持有期内每天需要扣除销售服务费。所以 A 类份额的费用是一次性扣除的，而 C 类份额的费用是随着时间每日扣除的，因此到底是选择买 A 类份额还是买 C 类份额，取决于投资期限。

　　当然，正如本书第 6 章所分析的，投资者除了可以选择一次性投入一笔钱投资神奇公式的基金之外，还可以按照定投的方式来购买，这样将会使投资收益最大化。

本 章 小 结

　　本章我们介绍了可以让读者方便使用神奇公式进行选股、回测历史数据、深入研究的一些相关工具，并公布了我们的回测和选股的数据来源和使用方法，供读者们自行研究和使用。

　　如果读者觉得这些工具和方法都太复杂了，我们还提供了市场上可以选择的神奇公式基金，读者们只要按需买入基金，即可按神奇公式的方法进行长期的价值投资。

第9章 ————————————

神奇公式问与答

为了让读者更好地理解神奇公式，本章我们将把网上大家对神奇公式的一些疑问进行整理并尽我们的能力一一回答。除此以外，我们还搜集了神奇公式其他专业研究者对读者疑问的看法，供大家参考。

9.1　问题 1：神奇公式如果越来越多的人使用，会不会失效？

答：这个问题，实际上乔尔在《股市稳赚》一书中曾经提到过，如果神奇公式使用者越来越多，收益率应该会下降，原因是如果市场中大多数的投资者均趋向于理性、价值投资，那么市场上就不存在被低估的好公司，因此神奇公式也会失效。

这个问题我们换一个角度来提问：如果市场上价值投资者越来越多，那么神奇公式会不会失效呢？按道理来讲当然也会，而从发展的角度来看，股市市场也应该是理性的价值投资者越来越多才会变得越健康。这里其实我们也关注到了一个现象，神奇公式近年来无论是在 A 股还是在美股、港股，其收益率都有所下降。神奇公式近 5 年在三个市场的收益率表现如表 9-1 所示。

表 9-1　神奇公式近 5 年收益率在美股、A 股、港股的表现

股市	神奇公式年化收益率	近 5 年年化收益率	指数年化收益率
美股	14.20%	8.48%	8.90%
A 股	25.29%	9.73%	6.10%
港股	16.28%	−0.60%	3.71%

首先说明一下，我们计算分析近 5 年神奇公式在美股、A 股、港股的收益率时，使用的均是同一个数据库和同一种计算方法，但从上表统计中可以很明显看到，神奇公式近 5 年在以上 3 个市场的年化收益率，均低于其在这 3 个市场的长期年化收益率。

所以，如果 5 年前有投资者使用神奇公式来投资以上 3 个股市，在坚持了 5 年之后，一定会对收益率非常的失望。我们尝试解释一下神奇公式近 5 年出现收益率不佳的原因。第一种可能当然如前文所述，由于价值投资者增多，因此神奇公式逐步地失效。但是这种可能性似乎说不通，因为这三个市场的发展程度是不一致的，比如 A 股是一个 20 世纪 90 年代才发展起来的年轻市场，而美股已经有了 200 年的历史，港股也有百年的历史，难道这三个不同年龄的市场在同一个时间投资者就觉醒为理性投资者了吗？第二种可能性就是近年来由于以美国为主的发达经济体，长期通过货币滥发推高资产价格，导致世界的主要经济体股市长期处于高估值状态，比如我们的创业板、美国的纳斯达克、香港的科技股，因此 "质优价低" 的好公司无法跑赢这类的泡沫资产。如果第二种可能性成立的话，那么世界经济的泡沫破裂回归正常的价值总会来临。到了那一天，神奇公式自然会发挥很高的收益率效用，关于神奇公式穿越经济周期的分析，本书已经通过前面的章节介绍过，这里不再重复。

究竟是神奇公式失效，还是世界经济周期破灭的来临？这个问题最好还是通过时间来观察解答。

9.2　问题 2：神奇公式对周期股是否同样有效？

答：观察到很多研究神奇公式的网友提出神奇公式应该想办法剔除周期股，因为很多人认为煤炭、钢铁、化工这样的行业或者公司均呈现周期性，似乎无法长期跑赢指数，因此也质疑神奇公式对周期股是否有效。关于这个问题换个问法应该为：价值投资对周期股投资有效吗，是否有符合价值投资的周期股？

有符合价值投资的周期股这一点应该是肯定的。因为对于周期股来说，虽然行业呈现周期性，但是具体到上市企业，也会存在周期行业的优秀企业，他们可以利用行业周期增加自己行业的份额，从而把自己的蛋糕做大，因此符合价值投资的原则。

我们以猪肉行业为例，生猪养殖行业明显是一个周期性行业，"猪周期"大概为 3 年，如图 9-1 所示，期间经历"养猪存栏高峰→价格下跌→养猪人减少→养猪存栏低谷→价格回升→养猪人增长"这样一个完整周期。

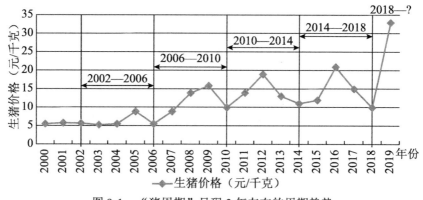

图 9-1　"猪周期"呈现 3 年左右的周期趋势

这样的典型周期性行业实际上也存在价值投资的公司，以生猪养殖企业龙头牧原股份为例：从 2014 年 1 月开市上市，其股价已经涨了 30 倍，如图 9-2 所示。其股价表现强劲的原因是从 2014 年牧原股份上市之初一年生猪的出栏量仅为 200 万头左右，但是到了 2019 年，生猪出栏量已经超过 1 000 万头，如图 9-3 所示，说明该周期行业的龙头企业实际上具备价值投资的特质。

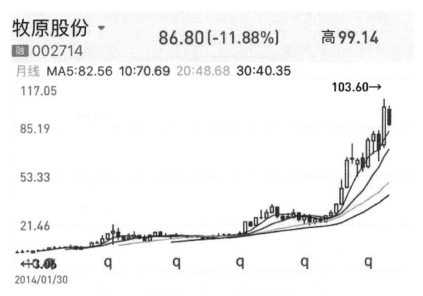

图 9-2　牧原股份 A 股上市后股价涨了 30 倍

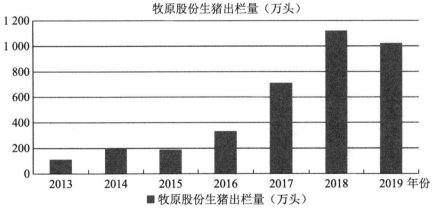

图 9-3　牧原股份上市之初到现在的生猪出栏量增长了 4 倍

　　牧原股份的例子说明，周期公司中也存在有投资价值的企业。因此当年我们的神奇公式也曾经在 2017 年的时候将牧原股份纳入年度组合中，而且当年被纳入神奇公式组合的猪肉股还有温氏股份、天邦股份，充分说明了这些周期行业也具备投资价值。

表 9-2　2017 年神奇公式所选股票的投入资本回报率和动态市盈率

股票代码	股票简称	投入资本回报率（%） 2016-12-31	动态市盈率 2016-12-30
300498.SZ	温氏股份	43.10	10.60
002458.SZ	益生股份	36.73	17.05
000036.SZ	华联控股	30.36	15.13
002833.SZ	弘亚数控	29.94	14.68
600398.SH	海澜之家	28.44	15.06
002714.SZ	牧原股份	26.71	10.24
000895.SZ	双汇发展	26.60	15.81
002372.SZ	伟星新材	25.89	20.22
600688.SH	上海石化	25.21	12.63
600826.SH	兰生股份	23.74	10.28
002271.SZ	东方雨虹	19.92	16.25
603929.SH	亚翔集成	22.80	7.49
600887.SH	伊利股份	22.47	18.24
600066.SH	宇通客车	22.36	14.29
002304.SZ	洋河股份	22.33	16.49
002466.SZ	天齐锂业	22.26	20.11
000651.SZ	格力电器	22.06	9.89
601633.SH	长城汽车	21.95	10.50
600718.SH	东软集团	21.65	8.97
002124.SZ	天邦股份	20.62	16.96

　　除了猪肉行业，本书第 3 章在分析 2005—2007 年"蓝筹牛"的时候，读者也可以看到化工、煤炭、有色金属等周期股也多次入选我们的神奇公式组合。从效果上看，当年"煤"飞色舞的周期股也给我们带来正向的收益率。因此，神奇公式需要剔除周期股是一个伪命题。

9.3　问题 3：为什么要剔除金融股？

　　答：乔尔在《股市稳赚》一书中明确提到，在使用神奇公式的时候，必须要剔除金融股，书中虽然没有解释为什么，但是道理很简单，因为金融行业实际上是一个高杠杆类型的公司，其 ROE/ROA 会明显高于其他行业，因此金融公司的财务报表也和一般的公司不太一样，其资产收益率的分母并不是银行产生利润所占用的生产资料。

9.4　问题 4：是否需要剔除公用事业股？

答：乔尔在《股市稳赚》一书中，除了要求剔除金融股之外，还要剔除公用事业股，因为公用事业是受监管的实体，其回报也受到监管。它们不是真正的市场化的公司，因此它们不遵循市场化的规则。

但是，我们认为这条原则并不符合中国的实际，除了一部分如中山公用（000685）、宁波高速（600377）这样的符合美国标准的公用公司外，我们还有大量的国企、央企。如果把国企都认为是非市场化的公司的话，那么 A 股有一半的公司都应该被剔除。但根据我国的国情，只要是按我国市场化要求上市的企业，其财报和管理都应该受到资本市场的监管。从实际的效果看，在 A 股 25 年大量国企入选我们神奇公式组合的情况下，长期收益率依然理想，因此我们认为在我国并不需要剔除从事公用事业的公司。

9.5　问题 5：能不能把神奇公式反过来用，筛选出"质差价高"的上市公司进行长期做空操作？

答：网上看到有人对乔尔提出了这样的一个非常好的问题——既然神奇公式是选择"质优价低"的股票组合长期持有，并被证明是有效的方法，那么假如我们把神奇公式倒过来使用，我们每年专门挑选 20 只"质差价高"的股票进行做空，那么这样的方法是否也会有效呢？

乔尔对这个问题当时不置可否，只淡淡地说了句"也许有效，但是我没有尝试过"，因此不敢下结论。我们其实也想做这样的数据回测工作，但是无奈我们不太熟悉美股的做空交易机制，而 A 股中大多数的股票是无法做空的，且目前数据库也很难让我们做这样的回测工作，因此我们只能说无法判断到底这样的方法是否有效。

但是如果让我们定性分析的话，A 股实际上是一个以散户为主的市场，"质差价高"的"妖股"时不时会从中冒出，并且向着泡沫高的方向继续发展，贸然做空可能会适得其反。

因此，还是不建议采用把神奇公式反过来使用的方法进行投资。当然，如果有读者有兴趣，也可以自行测试。

9.6 问题 6：为了分散投资风险，能不能利用神奇公式全球主要市场选择出一个股票组合进行长期投资？

答：桥水基金负责人瑞·达里欧曾经分享过他的投资理念：在全球投资市场选择 10 个相关性较小的投资组合进行长期投资，可以有效地分担投资风险，且能同时获取各市场的成长收益。因此有网友提问说，能不能把神奇公式运用到全球市场中去选择投资组合？比如在美股、A股、日本股市等 10 个全球主要市场中，按"质优价低"的原则，每年选择 20 ～ 80 只各市场最优的股票，然后进行长期投资，并每年更换组合一次。

这样的神奇公式组合方式理念虽然好，但是有一个很严重的问题，因为每个股票市场的估值是不一样的，比如港股，其估值就长期比 A 股要低，其 20 年平均市盈率在 11 左右，而 A 股的 20 年平均市盈率在 18 左右，因此如果通过神奇公式同时在 A 股和港股中选股的话，会大概率选出大量的港股股票组合，因此也很难有什么分散投资的作用。

比较合理的一种做法是固定在每个市场选择几只股票，并最终合并在一起形成一个全球的股票投资组合，这样才能起到分散投资的作用。但是如果按这种模式来进行投资，还不如直接用在不同的市场上直接用神奇公式进行组合投资，因此其实际意义也不太大。

9.7　问题 7：市面上基金那么多，能否用神奇公式来挑选基金呢？

答：本书第 2 章中曾经分析过，虽然对于大多数投资者来说，与其直接投资股票，不如投资被动指数基金或者主动基金。但是，由于我国各种基金众多，有公募、私募，因此让广大投资者也很难挑选。

有网友曾经提出这样一种想法，我们可否通过各种基金的平均市盈率和总资产收益率来选出一个"质优价低"的基金呢？比如市面上有 100 只基金，我们通过计算他们每只基金的平均市盈率和平均总资产收益率，最终选出一只市盈率最低、总资产收益率最高的基金进行投资，由于该基金既符合神奇公式的选股方法，而且由于该基金也是分散投资的，所以理论上应该和神奇公式无异。这种想法可行吗？

实际上这种想法是行不通的，原因是因为我们在计算市盈率和总资产收益率的时候，通常使用的都是上一年或者上一季度的财报数据，而公募基金通常是按季度或者小于季度的时间跨度进行管理的股票组合并进行调仓，因此，很有可能会出现一种情况，你现在计算的基金平均市盈率和总资产收益率，实际上并不包含在该基金现有的股票组合中。

因此，不建议采用该方法来选择基金。

本 章 小 结

本章我们选择了一部分投资者对神奇公式比较有共性的疑问，并进行解答。当然，我们的解答有可能并不完全准确和标准，如果读者有更多的问题，也欢迎通过雪球论坛等方式来进一步沟通。

—— 参考文献 ——

[1] 乔尔·格林布拉特：《股市稳赚》，北京，中信出版社，2007；

[2] 乔尔·格林布拉特：《股市稳赚》（升级版），北京，中信出版社，2010；

[3] 乔尔·格林布拉特：《股市天才》，北京，中国青年出版社，2011；

[4] 乔尔·格林布拉特：《价值投资的秘密：小投资者战胜基金经理的长线方法》，北京，机械工业出版社，2018；

[5] 沃伦·E. 巴菲特：《巴菲特致股东的信：投资者和公司高管教程》（原书第四版），北京，机械工业出版社，2018；

[6] 本杰明·格雷厄姆：《聪明的投资者》（原书第四版），北京，人民邮电出版社，2016；

[7] 国家发展改革委宏观经济研究院投资研究所：《投资：推动中国快速发展的强大动力》，北京，人民出版社，2018；

[8] 徐大为：《低风险投资之路》，北京，中国经济出版社，2014；

[9] 李幛喆：《中国股史系列书：中国股市发展报告（2014）》（*China Stock Market Development Year Book 2014*），北京，经济管理出版社，2014；

[10] 吴晓灵：《中国 A 股市场异常波动报告》（*Report on the China A-share Stock Market Abnormal Volatility*），上海，上海远东出版社，2016；

[11] 邱国鹭：《投资中最简单的事》，北京，中国人民大学出版社，2018；

[12] 韩复龄：《股灾启示录》，北京，机械工业出版社，2009；

[13] 李勇，哈学胜：《冰与火——中国股市记忆》，北京，红旗出版社，2010；

[14] Davycolv, D., Tikkanen, J. & Aijo, i., 2016. *Magic Formula vs. Traditional Value Investment Strategies in the Finnish Stock Market.* Nordic Journal of Business, 65（3-4）：38-54；

[15] Fardig, H. & Hammarling, S., 2016. *Vardeinvesteringar pa stockholmborsen-Entillbakablickande studie av the Magic Formula on Benjamin Grahams senate strategic.* Uppsala: Uppsala University;

[16] Montier, J., 2009. *Value Investing: Tools and Techniques for Intelligent Investment.* Chichester: John Wiley & Sons Ltd.;

[17] Persson, V. & Selander, N., 2009. *Back testing "The Magic Formula" in the Nordic region,* Stockholm: Stockholm School of Economics;

[18] Rohleder, M., Scholz, H. & Wilkens, M., 2010. *Survivorship Bias and Mutual Fund Performance: Relevance, Significance, and Methodical Differences.* Review of Finance;

[19] Andreas Goumas and Peter Kallstrom, 2010, *Value Investing and The Magic Formula,* a method for successful stock investments;

[20] Oscar Gustavsson, Oscar Stromberg, 2017, *Magic Formula Investing and The Swedish Stock Market;*

[21] Alexander Gunnar Juliao de Paula, 2016, *Backtesting the Magic Formula in the Brazilian Stock Market;*

[22] Alpert, B., 2006, *The Little Book's Little Flaw.*

[23] Abbey, B. & larkin, P., 2012, *Another look at value and GARP strategies for individual investors.* Orlando International Academic Conference, Orlando, Florida, USA;

[24] Banz, R., *The relationship between return and market value of common socks.* Journal of Financial Economics, 9（1）：3-18；

[25] Basu, S., *Investment Performance of Common Stocks in Relation to their Price-Earnings ratios: a test of the efficient market hypothesis.* The Journal of Finance;

[26] Blij, R., *Back-testing magic: An analysis of the magic formula strategy*. Master. University of Tilburg;

[27] Grinblatt, M. and Moskowitz, T., *Predicting stock price movements from past returns: the role of consistency and tax: loss selling*. Journal of Financial Economics;

[28] Haug, Mark and Hirschey, Mark, *The January Effect*, Available at http://ssrn. com/ abstract=831985 or http://dx.doi.org/10.2139/ssrn.831985;

[29] Horowitz, J., Loughran, T. and Savin, N., *The disappearing size effect*. Research in Economics;

[30] Jegadeesh, N. and Titman, S., *Returns to Buying Winners and Selling Losers: Implications for Stock Market Efficiency*. The Journal of Finance;

[31] Koller, T, Goedhart, M,, Wesels, D. and Copeland, T. , *Valuation. Hoboken,* N.J: John Wiley & Sons, Inc.;

[32] Larkin, P., *Can Individual Investors Capture The Value Premium?*. Journal of Business 8 Economics Research;

[33] Lancetti, S. and Montier, J., *The little note that beats the market*. Global Equity Strategy [online] Available at: http://www.poslovni.hr/media forum-user-upload/files/9a/9a5c2;

[34] Malkiel, B., *The Efficient Market Hypothesis and Its Critic*. Journal of Economic Perspectives;

[35] Olin, T., *Value investing in the Finish stock market*. Master Aalto University;

[36] Sareewiwatthana, P., *Value investing in Thailand: The test of basic screening rules*. International Review of Business Research Papers;

[37] Schwert, G., *Anomalies and Market Efficiency, Handbook of the Economics of Finance*. Edited by George Constantinides, Milton Haris, and Rene M. Stulz, North Holland;

[38] Sullivan, R, Timmermann, A. and White, H., *Dangers of data mining: The case of calendar effects in stock returns*. Journal of Econometrics;

[39] Gupta, G and Khoon, C., *How Many Securities Make A Diversified Portfolio In*

KLSE Stocks?. Asian Academy of Management Journal;

[40] Panyagometh, K., *Weight and Stock Selection for Equity Portfolio Management: Evidence from the Stock Exchange of Thailand*. Business and Management Review;

[41] Piotroski Joseph D., *Value Investing: The Use of Historical Financial Statement Information to Separate Winners from Losers*. The University of Chicago Graduate School of Business;

[42] Lalita Hongratanawong, Ph.D., *The Study of the Magic Formula for Thailand and U.S. Stock Markets*. University of the Thai Chamber of Commerce, Bangkok, Thailand。

——— 致谢 ———

　　这本书即将成书之际，没想到 2020 年年初的一场突如其来的变故彻底打乱了世界原有的发展节奏，资本市场连续出现了我们未曾见过的景象：美股在 3 月份出现了连续熔断、原油期货价格跌至负数、全球失业率均处于历史少见的高位……

　　纵使 2020 年出现的"黑天鹅"给整个世界的资本市场打了一记"闷棍"，但是我们在整理该书稿的时候发现：中国的 A 股总是有它固有的特性。比如，本书曾提到 A 股每个底部的点位都是上一个底部点位的 1.6 倍左右，因此即使遇到 2020 年开年的"世界级黑天鹅"，2 600 点左右的 A 股也很难出现系统性的风险。至于我们的神奇公式选出的 2020 年持股（见本书第 4 章）——大部分是水泥、农业、钢铁等股票，甚至部分在逆市上涨，可见掌握一种系统性投资策略的重要性。

　　真的很感谢与清华大学出版社合作出版本书，感谢顾强编辑的信任。写书是一件掏空自己的事，我撰写本书的初衷，也是希望通过用简洁的语言、详细的数据、系统性的分析来向投资初学者说明价值投资的有效性，而神奇公式仅仅是体现价值投资的一种最简单的方法。在整理书稿的时候，实际上我自己的投资知识架构也得到了提升，特别是部分以前对神奇公式的质疑和问题，我都通过本书的出版工作进行了详细的数据验证，也更加坚定了我们长期使用神奇公式进行投资的决心。

感谢支持这本书的读者，希望这本书的投资理念真的能帮助到你们，但还是要最后提醒读者一句：一定要坚持本书的投资方法，才能真正获取到最终的投资收益！

最后，感谢家人对我写作本书的支持，感谢父亲在本书成书前的协助校对；感谢母亲不遗余力地帮助我宣传本书。